让孩子爱上阅读

父母和教师该怎么做

丹尼尔·威林厄姆 著
张庆宗 译

华东师范大学出版社

Raising Kids Who Read: What Parents and Teachers Can Do

By Daniel T. Willingham

Copyright © 2015 by Daniel T. Willingham.

Simplified Chinese translation copyright © 2019 by East China Normal University Press Ltd.

All Rights Reserved. This translation published under license. Authorized translation from the English language edition, entitled Raising Kids Who Read: What Parents and Teachers Can Do, ISBN 9781118769720, by Daniel T. Willingham, Published by John Wiley & Sons. No part of this book may be reproduced in any form without the written permission of the original copyrights holder.

Copies of this book sold without a Wiley sticker on the cover are unauthorized and illegal.

本书中文简体字版专有翻译出版权由 John Wiley & Sons, Inc. 公司授予华东师范大学出版社。未经许可，不得以任何手段和形式复制或抄袭本书内容。

本书封底贴有 Wiley 防伪标签，无标签者不得销售。

上海市版权局著作权合同登记　图字:09 - 2016 - 547 号

献 给 特 丽 莎

目录

引论　读得开心，马上开始　　　　　　　　　　　　　1

第一章　阅读的科学　　　　　　　　　　　　　　　6

第一部分　从出生到学前阶段

第二章　帮助孩子做好学习解码的准备　　　　　　27
第三章　培养孩子的求知欲　　　　　　　　　　　35
第四章　在学会阅读之前就把自己当作读者　　　　48

第二部分　从幼儿园到小学二年级

第五章　学习解码　　　　　　　　　　　　　　　65
第六章　为未来储备知识　　　　　　　　　　　　81
第七章　防止动机滑坡　　　　　　　　　　　　　97

第三部分　三年级及以上

第八章　阅读的流畅性　　　　　　　　　　　　　113
第九章　阅读更加复杂的文本　　　　　　　　　　125
第十章　不情愿的大读者　　　　　　　　　　　　142

结论　　　　　　　　　　　　　　　　　　　　　162
附录　　　　　　　　　　　　　　　　　　　　　165
进一步阅读的建议　　　　　　　　　　　　　　　166

致谢

　　海伦·奥尔斯顿、卡琳·切诺韦思、特蕾西·加拉赫、弗雷德·格林沃尔特、丽萨·根西、迈克尔·卡米尔、玛吉·麦克阿尼尼、迈克·麦肯纳、斯蒂夫·司觉特都给了我许多有益的反馈,我尤其要感谢劳伦·戈德堡、克里斯汀·特纳、香农·温德林和七位匿名评审,他们对书稿提出了非常具体的意见。在项目实施过程中,盖尔·鲁维特给予了无私的帮助,大卫·多博伊更是自告奋勇地做了本书引论中的调查研究,书中许多图表由安妮·卡莱尔·林赛完成。我要一如既往地感谢埃斯蒙德·哈姆斯沃斯不懈的支持和合理化的建议,感谢玛吉·麦克阿尼尼对本项目的特别关注。我要特别感谢特丽萨·汤普森-威林厄姆——养育我、指引我的"北极星",她的智慧启发了我,使我能够在本书中就如何培养孩子爱上阅读、养成阅读习惯提出一些方法和建议,这一切她功不可没。

引论

读得开心，马上开始

我们将用一个快速的思维实验开始这本书的阅读。假如你有一个十几岁的孩子(如果真的有，那更好)。调查显示，一般十几岁的孩子从周一到周五大约有 5 个小时的闲暇时间。你希望孩子如何度过这 5 个小时的闲暇时间呢？为了给你提供一定的结构和线索，我列出 6 个类别的活动，你来为每一类活动分配一定的时间(注意：如果给这六类活动分配等量的时间，那么每一类活动的时间应该是 50 分钟)。

- 放松/思考　　　　　　　　　_____分钟
- 玩电子游戏/使用计算机　　　_____分钟
- 阅读　　　　　　　　　　　　_____分钟
- 进行社交活动　　　　　　　　_____分钟
- 看电视　　　　　　　　　　　_____分钟
- 参加体育运动　　　　　　　　_____分钟

你得出答案了吗？你可以将你的答案与我在 300 个美国成年人中得到的调查结果进行比较。根据《美国人时间使用调查》(见图 I.1)，我描述了青少年在每一类活动中实际使用的时间。就阅读而言，我的调查对象希望孩子的阅读时间是 75 分钟。但是美国青少年实际用于阅读的时间只有 6 分钟。

这本书的目的很简单。父母想让孩子去阅读，而大多数孩子不愿意去阅读，父母对此能做些什么呢？

当然，有些孩子是伴随阅读而成长的。图 I.1 中的数据有些欺骗性，因为它显示的是平均值，并不是说每一个青少年放学回来只做 6 分钟的阅读，然后便放下书

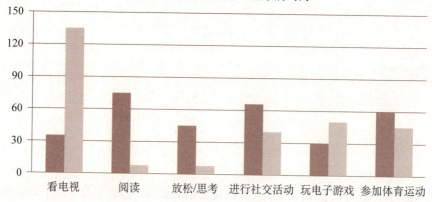

图 I.1 对青少年闲暇时间寄予的希望和实际情况。根据《美国人时间使用调查》结果,暗色条形图显示的是调查对象希望青少年度过的闲暇时间,浅色条形图显示的是青少年实际度过的闲暇时间。

来源:ⓒ丹尼尔·威林厄姆。

本。实际上大多数孩子根本不阅读,而有一些孩子的阅读量却很大。大多数阅读者的父母能为我们提供一些指导吗?

根据我自己的经验,大多数父母都不知道自己的孩子是如何成长为读者的。我与《纽约时报》一位编辑的谈话就很典型。我提到我正在写这本书,他告诉我他上八年级的孩子读书非常专注,他们要不时地提醒她出去呼吸一下新鲜空气。当我问及他和他的妻子是如何激发孩子的阅读热情时,他开怀大笑地说:"我们什么也没有做。"

其实,他一定是做了什么来鼓励自己的孩子读书。哎呀,他是一位报纸编辑。也许他在女儿小的时候为她读书,他的家里也可能到处塞满了书(有读书的氛围),等等。我确信他同意我的看法。我认为他说的"什么也没有做"的意思是"我们没有刻意去做什么"。那些把孩子培养成读者的父母通常不会去做一些看起来特别学术的事情。例如,他们不是虎爸虎妈,不会在孩子刚满 12 个月时,就突然拿出识字卡让他们认字;在孩子刚满 24 个月时,就开始让他们进行书法练习。这些措施不仅没有必要,而且还会削弱父母持续向孩子传递关键的正面信息,即阅读给人们带来快乐。我在这本书里提到的大多数建议都是仿效了非虎爸虎妈的做法,我将它们概括为一个简单的原则:读得开心。

另一个指导性的原则是：马上开始。当阅读涉及的各种技能出现在学校的学习中时，父母一般才会考虑到与阅读相关的问题。在幼儿园阶段，父母认为孩子要学习解码（学习字母的发音），因为这个时候教师才开始教孩子如何进行解码。这时父母不会考虑到阅读理解，因为幼儿园并不强调阅读理解。如果孩子能大声地说出书上的单词，那么，他们就在"阅读"了。但是到了四年级，虽然大多数孩子都能很好地解码，然而学校突然提高了对孩子的阅读期望。与此同时，阅读材料变得更加复杂，要达到比四年级更高的阅读要求，那些解码学得刚刚过得去的孩子就会遇到麻烦。这个时候父母才开始考虑要如何帮助孩子进行阅读理解。

直到中学阶段，父母才开始思考孩子的阅读动机。几乎所有的孩子在小学低年级都喜欢阅读。他们喜欢在学校阅读，也喜欢在家里阅读。但研究显示，他们对阅读的态度会逐年变得消极起来。父母很容易忽视这种变化，因为随着升入更高的年级，孩子会变得忙碌起来，他们跟朋友待在一起的时间更多了，也许他们开始学习某一种乐器或体育运动。当青春期来临时，他们对阅读的兴趣降到最低点。这时家长才意识到自己的孩子从来不愿意阅读，并开始思考如何激发孩子的阅读动机。

一般来说，促使父母思考阅读问题的会有时间节点。与此同时，我们找到了夯实阅读基础的三个关键根基。如果你想把孩子培养为一名读者，孩子必须能够轻松解码，理解阅读内容，并具备阅读动机。

那么，如何保证这三个关键根基到位呢？

很显然，如果希望得到最好的结果，但却只有当问题出现时才作出反应显然不是最好的策略。规避问题要比改正问题更容易。但是阅读给人们带来特殊的挑战，因为看似不重要的体验实际上非常重要，它有助于人们构建阅读所需要的知识。即使"陌生人"这个知识在需要它的几个月甚至几年前就已经获得。它潜伏在孩子的记忆中，但直到孩子进入阅读发展期，这个知识才会突然变得相关起来。这就是为什么本书提到的第二个原则是马上开始的原因。"马上开始"意味着在生命初期——早至婴儿期，父母就要开始关注孩子的解码、理解和动机等问题。它也意味着任何帮助孩子阅读的行为永远为时不晚，即使你的孩子已经长大了，你还什么都没做，这也没有关系。马上开始行动吧！

以上提到的三个关键根基也为本书提供了组织原则。在第一章，你将把阅读科学装进肚子里。孩子如何学习解码？他们理解（或不理解）阅读内容的机制是什么？为什么有些孩子有阅读动机，而有些孩子却没有？本书根据孩子的年龄，把阅读分为三个部分：从出生到学前阶段，从幼儿园到二年级和三年级及以上。每一阶段都有不同的章节告诉你如何帮助孩子学习解码、理解阅读幼儿、激发他们的阅读动机。我不仅要讨论你在家里可以做什么，还将讨论你对孩子的预期在教室里将如何得以实现。

这就是说，如果想培养一名阅读者，你不能过分依赖孩子所在的学校。这并不是对学校提出批评，而是在反思学校的作用。让我这样表述吧，读了这本书之后，我认为你至少有兴趣让孩子成为一名休闲读者。为什么这样说呢？

我们可以从现实生活中找到答案。在闲暇时间阅读会让你变得更聪明。休闲读者长大之后能找到更好的工作、赚更多的钱。休闲读者更了解时事，更能做一名遵纪守法的好公民。

虽然这些动机具有合理性，但它们不是我的动机。即使我明天发现该研究有缺陷，阅读不能使人变得更加聪明，我仍然会让我的孩子读书。我让他们阅读，因为我认为阅读可以为他们带来其他方式所不能给他们带来的体验。人们可以通过其他方式学到东西，通过其他方式与我们的同胞产生共鸣，通过其他方式欣赏到美，但是这些体验的本质与阅读时所产生的体验的本质是不同的。我想让我的孩子获得阅读体验。因此，阅读对我来说是一种价值。它就像热爱我的祖国或者崇尚诚实一样，都是一种价值。正因为阅读具有价值，因此我要说："不要指望学校为你做这件事。"

我想起一位我认识的家长，当他的女儿宣布要嫁给一个具有不同信仰的人时，他感到惊愕不已。父亲问女儿以后如何教养孩子，她明确表示并不担心孩子的教养问题。尽管他和妻子在家里并没有把宗教认同放在重中之重的位置，然而女儿的决定还是让他感到意外和受伤。他告诉我："我无法理解女儿的选择，我们每个星期都送她去主日学校。"显然他把培养孩子核心价值观的任务分包给主日学校了。

如果你想让孩子重视阅读，虽然学校可以起一定的作用，但是父母对孩子的影响更大、责任更重。你不能只在嘴上说阅读是多么好的一个主意，你的孩子会观察阅读是否对你产生了重大影响，你自己是否像一名真正的读者。《让孩子爱上阅读》的目的在于告诉你具体如何做,并且告诉你"玩得开心,马上开始"这两个原则为我们带来的感悟。

注释

"让你变得更聪明":里奇,贝茨,普洛明(2014)。

"找到更好的工作、赚更多的钱":卞德(1999);墨菲特,沃泰拉(1991)。

"成为更遵纪守法的公民":班尼特,莱茵,弗里金格(2000)。

第一章

阅读的科学

科学家已经深入地了解了支持阅读的心理机制,这些研究基础激发了我的灵感,由此我在该书中提出了许多建议和方法。首先我们要弄明白这些科学发现的基本原理。我在本章将介绍有关阅读的科学研究发现,并将反复谈到三个基本原则:第一,当孩子阅读印刷文字时,字母的发音(而不是形状)对孩子构成挑战;第二,阅读理解在很大程度上依赖于人们对某一主题的一般性知识;第三,培养阅读动机的关键在于让孩子马上开始阅读,即使他们还不具备阅读动机。

语音在阅读中的作用

我们通常将阅读看作是一项沉默的活动——好像阅读活动沉寂得像一座寂静的图书馆一样,但事实上语音是阅读的核心。在大多数情况下,印刷文字是语音的代码。在英语中,人们直接使用一些有意义的符号,例如"$"表示"美元"、"@"表示"在"、":-)"表示"微笑"。但是"bag"并不是"纸袋"的符号。在这三个字母中,每一个字母都代表一个语音,三个语音放在一起代表一个单词的发音。英语不是唯一使用基于语音书写体系的语言。所有的书面语言都有一些有意义的符号,但交际的主力军是基于语音的代码。

由于写作运用代表语音的视觉符号,因此,学习阅读的孩子必须掌握三样东西。首先,他们必须能区分字母。他们必须注意到"j"有一个小尾巴,与字母"i"不一样(我将字母和单词放在引号里,强调它们在书本页面上的形式)。其次,他们必须学会将这些视觉符号与它们的听觉配对物对应起来，例如，字母"o"有时候对应一个音（如在单词 TONE 中），有时候对应另外一个音（如在单词 TON 中）。（我用大写形式强调字母和单词的语音）第三样要学习的东西，它是我们最不容易理解的，就像学习映射并不是你想的那样。我们认为"t"的发音是 TEE，但实际上是两个音，一个辅音和一个元音。孩子必须能听到 TEE 有两个音，必须能听到每个音各自的发音。在阅读时，孩子必须要知道 T 单独的发音是什么，因为这是字母"t"的发音。这个任务对孩子来说尤其困难。让我们从比较简单的任务开始，然后再逐步解决这个难题。

学习阅读中的视觉任务

大多数孩子发现区分字母很简单。当然，有些字母看起来令人混淆，因为它们的形式比较相似（如 B，D，P，R），或者有的字母是另一些字母的镜像（如 M/W，b/d）。初始读者的确会混淆那些看起来相似的字母，这种现象在除英语以外的其他语言里也存在。但我们不能把这个问题想得太糟糕了。幸运的是，在英语中并没有太多的字母要学，而且经过一些练习之后，孩子最终能够掌握这些字母（图 1.1）。

图 1.1　容易被混淆的字母。即使是有经验的读者偶尔也会将字母张冠李戴，不常见的字体更容易引起这种问题。然而总体来说，辨别字母还不是学习解码过程中最常见的"拦路虎"。

来源：©杰森·考韦奇。

学习字母——语音的对应关系

学习语音与字母配对显然更具有挑战性。正如我注意到的,有些字母有两种发音:"o"在"ton"中代表一个音,在"tone"中代表另一个音。英语有44个音素,却只有26个字母,因此,像这样有两种发音的情况是不可避免的。更糟糕的是,并不是两种发音都与一个字母配对。有时候一种发音与两个字母配对。例如,"y"在单词RHYME中间时的发音,跟字母"i"的读音一样。

如果从零开始组建英语字母表,发明44个字母与44个音素一一对应是最明智不过的事情,但是书面英语并不是从零开始。我们的语言是一个杂交混合物:它起源于日耳曼语,受到斯堪的纳维亚人(诺曼)和法国人入侵的严重影响,后来又采用了拉丁和希腊文字。问题就在这里,当我们借用其他语言的词语时,往往会保留它们原来的拼写惯例。

造成的结果是,英语中字母——语音对应关系是一团糟。尽管它为轻松的打油诗提供了素材,但却给一代又一代的学龄儿童带来了痛苦。

- 英语发声(tongue),我们言语(speak)。
- 为什么break和freak不押韵?
- 我们说sew,但像说few,你能告诉我为什么?
- 为什么做诗(verse)的人不能押韵horse和worse?
- Beard和heard不一样,cord和word也不同。
- Cow是cow,但low是low,shoe和foe从来韵不同。
- hose, dose和lose音不同,goose和choose不一样。
- comb, tomb和bomb音不同,doll和roll不一样,home和some更不同。
- 既然pay和say韵一样,为什么paid和我祈祷时said韵不同?
- 想想blood, food和good不一样,mould和could的音不同。
- 为什么done了,就gone了和lone了——
- 为什么会是这样呢?
- 一言以蔽之,因为语音和字母不一致。

然而,事情并不像你想象的那么糟糕。当我们考虑语境这个因素时,就会发现英语发音还是比较一致的。一个著名的、万能的英语拼写例子是"ghoti"这个新造的词,如果GH的发音与"enough"中的发音相同,O的发音与"women"中的发音相同,TI的发音与"motion"中的发音相同,那么,"ghoti"这个词就读做FISH。可爱吧!但是"ghoti"大多读作GOATEE是有原因的。看来语境中的每一个字母对该单词的发音都有影响。当"gh"出现在字头时,读作浊辅音g(如GHASTLY,GHOST);在单词的中间,不发音(如DAUGHTER,TAUGHT);在单词末尾读作F(如LAUGH,TOUGH)。

实际上,研究者发现出现在单音节词开头或结尾的辅音,它们的发音在90%的情况下是一致的。出现在单音节词中的元音的发音只在60%的情况下一致,单元音是例外,通常一个单词末尾的辅音决定该元音的发音。例如,元音字符串"oo"通常发BOOT中的音,但有时候发BOOK中的音。只有当"oo"后面接"k"或"r"时,它才发 BOOK 中的音(BOOK,BROOK,CROOK,SHOOK,POOR,DOOR,FLOOR)。

那些看起来很疯狂的英语单词发音让人抓狂的另一个原因是许多单词违反了发音规则。"Gone"、"give"、"are"、"were"和"done"都违反了这个规则:当一个单词以"e"结尾,该单词的元音应该是长元音(因此"give"应该和HIVE押韵)。尽管这些单词违反了发音规则,但是它们很常见,因此记忆这些单词应该不难。

学习字母和语音对应无疑是一个挑战,但不是孩子在学习阅读中遇到的最大问题。学习阅读的关键是听辨语音,让我们来看一看听辨语音的难处在哪里。

学习听辨语音

看到字母"p",你会联想到什么音?你可能会想到PUH,许多父母都是这样告诉孩子的,但字母"p"有两个音,字母"p"和后面的元音,UH。字母"p"实际上是爆破音,发音时声带不振动。实际上,字母"b"也是爆破音。当你说BEE这个单词时,声带振动的同时,又加上爆破。然而,当你说PEE时,声带只是在爆破出现0.04秒之后才振动。是的,"p"和"b"的区别在于0.04秒的差别。因此,提出"字母'p'发什么音?"这个问题是没有任何意义的。一个音的定义取决于它与相邻音的关系。人们不可能单独发P这个音。

将语音分离是一件更加困难的事情。每个人的语音也会因语境的不同而有所不同。你试试这样做,把手放在嘴巴前面,说POT这个单词。当你发P这个音时,你的手会感受到一股气流。再说SPOT,你会发现说POT这个单词时,气流更强一些。因此,当我们说字母"p"时只有一个音,实际上是一个抽象概念,只是一个理想而已。

还没完呢!理解一个单词在哪里结束、另一个单词在哪里开始对阅读来说也很重要——你要知道哪一些音聚集在一起形成一个单词。但是小孩子不像成年人那样,能很好地听辨单音。在一个语音听辨能力的标准测试中,你让小孩子记住你跟他说的一句话:"我喜欢黄色的香蕉。"然后,你给他一个装满积木的小篮子,让他将积木一字排开,一个积木代表句子中的一个单词。我们不能保证这个孩子会为这句话捡起4块积木。他有可能摆出3块积木,也可能摆出5块或7块积木。他并不能确定单词从哪里开始、在哪里结束(图1.2)。

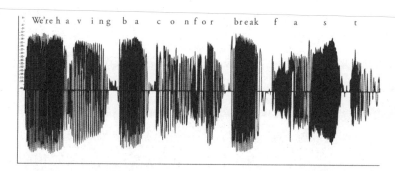

图1.2　一个句子的视觉表证。作者说:"我们早餐吃培根。"时间从左向右移动,纵轴表明声音的强度。当人们说话时,每个单词之间并没有明确的界限,这可能是儿童不知道一个单词从哪里开始、在哪里结束的原因。

来源:ⓒ丹尼尔·威林厄姆。

人们有不同的方式测试儿童的单音听辨能力。让他们说出单词开头的那个音,让他们回答某两个单词开头的音和结尾的音是否相同。还有一种更具挑战性的任务,就是让他们通过增加、去除或控制发音的方式来改变一个单词,例如,"如果我在TOP这个单词的开头加上"ssss"这个音,那么它变成了什么单词?"

如果阅读是关乎书写符号和语音之间的代码,但假如你听不到那些音,那么学习代码将是一件十分困难的事情。许多研究表明这个假设是对的。学习阅读存在困难的儿童常常也难以听辨单音。那些或多或少自学阅读的儿童通常能轻松地听辨语音。语音听辨能力和阅读之间的关系并不是英语阅读学习中所特有的，在其他的语言中，也同样存在着这种关系。

因此，要帮助孩子成为一名好的阅读者，第一个提示是帮助他们迎接听力上的挑战。

知识在阅读理解中的作用

到目前为止，我讨论了解码和阅读，好像它们是同义词一般，但是阅读的含义显然不止读出单词。一个孩子可能大声读出"山谷中的农夫"这个句子，也许能识别出这是一句歌词，但如果他不知道"dell"是"小山谷"的意思，他是不会充分理解这个词组的意义的。同样，为了更好地理解句子，读者必须运用将单词联系在一起的句法规则。句法规则决定以下两个句子具有不同的意义——"丹希望他唱得更好一些"和"他希望丹唱得更好一些"。这两个句子中的单词一样，但顺序稍有不同，意义就完全不同。

我们将跳过讨论理解单个单词如"农夫"和"在……里面"的心理过程，以及赋予单个单词句法功能、将单词连接成句子的心理过程。尽管这些过程令人着迷，但它们对年幼的读者来说并不是一个难题。即使有问题的话，也情有可原。例如，读者理解不了包含不熟悉单词的文本（如"这个班级需要教具'realia'"），或难以分解的复杂的句法（如"猫看到的男人踢的那条狗嚎叫起来"）。当前者发生时，你可以去查字典；当后者发生时，你就会抱怨这个句子写得太差了。

在句子间建构意义

超出单词和句子的阅读理解过程是不可能存在的。我们总有办法在句子之间建构意义，就像句法连接单词之间的意义一样。请看以下两个句子："此刻掌声雷动，这位年过八旬的科学家低着头、略显尴尬地走向奖台，去领取属于他的诺贝奖。他发出轻轻的笑声。"要理解这个简短的文本,我们必须确定第二个句子中的"他"和第一个句子中的"年过八旬的科学家"指的是同一个人。我们也要理解第二句中的"轻轻的笑声"与第一个句中提供的信息相关,该信息解释了他为什么轻声地笑了。我们是如何将此时此刻从句子中阅读到的意义与我们原来读过的东西联系在一起的呢?

答案在于已知信息和新信息的区分。已知信息是文本中那些已经告诉过你的东西,新信息则是没有告诉过你的东西。大多数写作都是在这两者之间转换:作者提醒你已经告知过你的信息,接着又告诉你新的信息。然后又是已知信息,接下来再是新信息。

假设你读到以下句子:"汽车的后备箱里有一些啤酒。这些啤酒是常温的。"在第二个句子中,"啤酒"是已知信息。已知信息让你的注意力转向前一句中的意义。你在想:啊,我们再次谈到了啤酒。一旦你将注意力集中在这个意义上,句中的新信息又添加了一些新的东西,你就能将新信息与已知信息联系起来。因此,你就将第二句中"常温的"与第一句中的"啤酒"联系起来(图1.3)。

图1.3 语句是如何连接的。左边的图是心理学家用来表示你对文本中两个句子的理解的。当你读到"啤酒是常温的"时,你开始寻找这个句子与前面读到的句子之间的重叠部分。当你找到重叠部分(即"啤酒"),你就知道如何连接这两个句子了。右边的图示显示了这种连接。

来源:©丹尼尔·威林厄姆。

已知信息——新信息的原则很强大,违反该原则的写作往往给人以不和谐的感觉。例如,假如你读到三句话:"汽车的后备箱里有一些啤酒。啤酒是常温的。啤酒不是冰的。"第三个句子给出的(啤酒)信息没有任何新的东西,这是因为如果你知道啤酒是常温的,显然它不是冰的。第三句子看起来很奇怪,如果你费尽心思、想方设法地去理解它,它的确告诉了你一些新的东西(也许再说一次意味着啤酒本应该是冰的)。同样,那些没有提到已知信息的句子听起来也很奇怪,如,"汽车的后备箱里有一些啤酒。落叶树木的树叶在秋天飘落。"这样,你就无法将第二个句子与此时此刻你读到的内容联系起来。因此,这是一个不符合逻辑的推论。

这一类联系很重要,但传递的信息却十分有限。我告诉你一些关于啤酒的信息,然后再告诉你有关啤酒的另一个事实。就目前而言,这还不错,然而有时候我想告诉你有关啤酒的几个不同的信息,那么既然啤酒是已知信息,接下来我就可以不停地告诉你啤酒的一些新的信息。

然而,因果联系更常见一些。例如,"特丽莎把咖啡弄洒了。丹从椅子上跳起来去拿抹布。"我相信你并不觉得第二个句子是一个不符合逻辑的推论,你可以轻轻松松地把这两个句子联系起来。但是如果联系发生在已知信息和新信息之间,那么,第二个句子中的已知信息是什么呢?我在哪里重复了已告知你的信息呢?

已知信息的确不在文本中,它在你的大脑里,结论是你自己推断出来的。你知道咖啡洒了会弄得一团糟,你知道当这种情况出现时,人们通常是快速地清洁污渍,而且你知道人们经常是用抹布来做清洁的。

如果作者将所有的信息写到文本里,他就会这样写道:"特丽莎把咖啡洒了,地板上到处都是咖啡。丹想把地板擦干净,丹用于做清洁的抹布在厨房里,丹从椅子上跳起来去拿抹布。"在这个版本里,已知信息交待得非常清楚,但作者(说话者)省略掉这些信息的原因很明显:如果不省略读者已知的信息,简单的交际就会变得异常的枯燥乏味。

作者不可能把每一个信息都写进文本里使写作更具可理解性,除非她告诉读者已知的信息。然而在作取舍时,她实际上是在进行一场博弈。她假定读者的记忆中存储了她省略的信息。但是如果作者的假设是错误的,怎么办?当读者不能将句子联系起来,理解就会失败。在你读一篇不熟悉的科技论文时,经常会发生这种情况,因为你缺乏科技论文读者应该具备的知识。

但是理解并不总是会失败。有时候你可以通过语境推断出缺位的信息。阅读研究者沃尔特·金茨列举了这样一个例子:"康纳斯用的是凯夫拉尔船帆,因为他预计风不大。"我只知道凯夫拉尔是一种织物,我当然不知道它可以用来制作船帆,但是可以从语境中推断出来,对吧?这个句子有什么问题吗?(见图1.4)没有问

图 1.4 语境可以帮助解决有歧义的问题。有一些背景知识在这个标志中没有被提到。你为什么要检查拉链？我要检查身上所有的拉链，甚至公文包上的拉链吗？语境帮我们解决了这个歧义问题：这个标志出现在男厕所的出口处。

来源：ⓒ丹尼尔·威林厄姆。

题。事实上，这就是阅读的一大乐趣。你学到了新的东西，知道人们可以用凯夫拉尔做船帆。利用这种方式来理解文本意味着问题解决，问题解决是需要时间和脑力的。这不仅意味着你要思考"凯夫拉尔"是什么意思，思考还会打断文本的流畅性。最终，你可能会跟不上文本的主线或整个故事了。少许的这类问题解决可以给人带来满足感，令人开心，但太多了就会使阅读变得缓慢和艰难。

一个文本到底包括多少未知信息，才会使读者宣布"心智负荷过重"而停止阅读活动呢？这当然因读者对阅读的态度和理解某一特定文本的动机而异。那些测量读者对陌生单词容忍度的研究显示，读者需要知道文本中98%的单词，才会觉得阅读是一项令人舒适的活动。这个比例听起来有点高，你现在阅读的这一段文字大约有75个单词。98%的熟悉度意味着这一段文字和其他类似的段落只有一到两个你不认识的单词，这个比例还是很高的。

什么样的读者是一名好读者

关于"什么是好读者"的讨论意味着好读者应该是那些知道许多东西的人。许多什么东西呢？什么样的知识能使你成为一名好读者呢？这取决于你想读什么。

作者通常是根据自己对读者已知信息的猜测，来省略文本中的信息。《鳞翅目昆虫学会杂志》的作者会省略许多关于蝴蝶的信息，因为她认为读者对这些信息已有所了解。

大多数父母都希望自己的孩子成为基础扎实的普通读者。他们不担心孩子能否看懂为蝴蝶采集者创办的专业期刊，他们只希望孩子能阅读《纽约时报》、《国家地理》，还有其他一些为有思想的普通人撰写的阅读材料。《纽约时报》的撰稿人并不奢望读者对集邮、非洲地理或伊丽莎白时期的戏剧有着深厚的知识，只要读者对这些内容有一定的了解即可。作为一名优秀的普通读者，你的孩子需要具备关于这个大千世界的广博知识，例如，要能看懂《马耳他岛的犹太人》和《威尼斯商人》等题目，但并不是说具备广博知识就一定能看懂《马耳他岛的犹太人》和《威尼斯商人》等戏剧。知道稀有邮票很有价值就可以了，用不着知道1918年发行的"倒置的珍妮"邮票现在的市场价格。

如果一名"好读者"仅意味着"知道许多东西但都止于皮毛"，但其实阅读测试并不像大多数人想象的那样简单。阅读测试旨在测试学生的阅读能力，"阅读能力"听起来像一般的技能。一旦知道你的阅读能力，我大致就能预测你对文本的理解情况。我刚才提到阅读理解在很大程度上依赖于你对文本主题了解的程度，因为这将决定你弥补作者任意省略掉的信息的能力。也许，阅读理解测试可以说是经过伪装的知识测试。

我们有理由认为这个观点是正确的。在一个研究中，研究者用标准阅读测试题和"文化常识"测试题对十一年级学生的阅读能力进行了测试。"文化常识"是指学生具备的关于主流文化的知识，包括艺术家、演艺人员、军事领导人、音乐家、哲学家、科学家的姓名，以及科学、历史、文学等学科知识。研究者发现学生的阅读测试分数与各种文化常识测试分数之间存在着非常强的正相关关系，相关系数在0.55和0.90之间*。

---

* 相关是测试两个变量之间关联程度的一种方式。相关系数为0.0指两个变量之间没有任何关联性。例如，人们鞋子的大小与他们吃多少冰淇淋之间没有任何关联。相关系数为1.0意味着全相关，例如，用英寸测量的身高与用厘米测量的身高之间完全相关。下面是一个相关系数为0.60的例子，如父母的平均身高与孩子的平均身高之间的关系。

在哪里获得广博的知识

如果知识对阅读如此重要,那么在哪里获取知识呢?当然有许多渠道:会话、电视、电影,还有互联网。但是有研究发现那些拥有广博知识(使人们成为好读者的知识)的人主要通过阅读来获取知识(这个研究是在互联网普及之前做的,随后我将在第九章讨论一些其他的研究,研究结果表明孩子并没有从在线活动中获取知识)。

以下是研究者如何验证这个假设。首先,他们要测量有多少人在成长的过程中就开始读书。他们这样问被试:"当你是孩子时就开始读书了吗?"但这是一个主观性很强的判断。研究者认为读者应该能够认出一些著名作者的名字、图书和杂志的名称,因此,他们给被试一个写有作者名、图书和杂志名称的清单;清单上的名字和名称有些是真的,有些是研究者杜撰的(展示1.1是部分杂志的名称)。研究者要求被试确定哪些是真实的杂志。

展示 1.1
杂志名称的辨识测试

你能挑出哪些是真实的杂志吗?答案在这一章的结尾部分。

《今日建筑》	《女士》
《美好家园》	《新共和》
《名车志》	《科学美国人》
《数字音响》	《科学文摘》
《家和庭院》	《城镇和乡村》

研究者预测,在这个测试中得分高的人应该做过大量的阅读,因此,测试的分数与"知道很多东西"呈正相关。为了测试"知道很多东西",他们用成套的测试题来测量被试有关科学、历史和艺术等领域的常识。

测试结果表明以上两者有较强的相关性,辨认出许多作者名字和杂志名称的人有着非常广博的文化知识。当然,决定两者之间的关系还有其他因素,它们只是相关关系,不是因果关系。智力是影响两者关系中最明显的一个因素。也许聪明的人从小就喜欢阅读,而且知道很多东西。研究者用另一套测试题来测量被试的智力,类似获取中学学业成绩平均积分点和标准智力测试表现的测试手段。大学生的智力的确与他们的知识面呈正相关。但这只是相关,还不能说明一切。阅读量是另一个重要的因素。也就是说,如果聪明人(高智商、好成绩)在孩提时没有怎么读书的话,那么他们长大后不会具备许多一般性知识。而那些不是太聪明的人(低智商、差成绩),如果在孩提时进行了大量的阅读,长大后就会具备许多一般性知识。

现在我们回到原点。我们开始考察句子是如何连接从而建构意义的,很快又想到在这个过程中,读者必须具备一定的知识来弥补作者省略的信息。我们注意到有时候缺乏某一特定知识的读者可以利用文本的其他部分和一些推理能力来弥补缺失的知识,当我读到人们可以用凯夫拉尔制作船帆时,就是这样做的。最后,我们看到这个过程不仅有可能实现,而且对阅读非常重要,因为具有广博背景知识(使他们成为好读者)的成年人通过阅读获得了这些知识。你需要知识进行阅读,而阅读又能给你带来知识。

因此,我们帮助儿童成为一名优秀读者的第二个提示是,他们需要具备关于词语和这个世界的宽广的知识基础。

动机

一个男孩为了要给一个女孩留下深刻印象或者是要完成学校布置的任务,可能有机会去阅读《寻找阿拉斯加》这本书。很显然这不是我们追求的激励因素,因为这种动机是短暂的,不能持久。我们想让孩子读书,是因为他们对阅读有着积极的态度,是因为他们发现阅读活动本身有意义。遗憾的是,尽管孩子们在低年级时喜欢阅读(在家里、在学校都是如此),但是随着年龄的增长,他们对阅读的看法变得越来越消极。到了中学时,很多孩子对阅读都表现得非常漠然。我们能做些什么来改变这种状况呢?

对阅读的态度

在思考如何改变孩子们的阅读思维模式之前,我们应该知道我们持有的是什么样的态度。有的态度是逻辑思维的产物,至少尽可能地通过逻辑思维。最近我买了一台洗碗机,我对洗碗机品牌(我喜欢肯摩尔,不喜欢惠而浦,而人们对博世的评价过高)的态度是在研究它们的维修记录、功效等基础上形成的。我对洗碗机各品牌的评价相当冷静和理性。

我们通常认为,在大多数情况下,我们的态度都是理性的,因为我们对事物的看法是基于事实的收集和逻辑分析的产物。但是,我们对有些事物的态度却不是基于逻辑分析,至少是难以进行逻辑分析的。为什么人们更喜欢可口可乐,而不是百事可乐呢?你为什么更喜欢古风,而不是百露呢?没有人会说,"我进行了调查,研究显示使用古风的男人对女人更具魅力,并能压倒其他的男人"。你用古风是因为你喜欢它的味道,也喜欢它给你带来的感受,这就是情感态度。情感在很大程度上影响着我们对一些事物的态度,这些事物与我们自身的价值观密切交织在一起,如对堕胎、死刑的态度等。你可以用逻辑思维来影响你对这些事物的看法,人们通常认为他们是这么做的。但是逻辑辩论往往大多发生在由情感驱动产生某看法之后,再为该看法进行辩护。

人们猜测儿童对阅读的态度基本上都带有感情色彩,尽管这方面的研究还不多。儿童对阅读的态度不是基于他们对今后职业生涯的理性判断,而是基于阅读是否有意义,是否让他们感到激动,是否让他们感到兴趣盎然。那么,情感态度从何而来呢?

情感态度的由来

奥普拉·温弗瑞这样论述阅读:"书籍是带领我通向个人自由的通行证。我3岁时开始学习阅读,发现了有一个超越密西西比农场的整个世界有待我们去征服。"积极阅读态度的一个来源(也许是主要来源)是愉悦的阅读体验。这个现象并不难理解,就像有的人喜欢茄子一样:你尝试着吃茄子,然后就喜欢上它了。奥普拉尝试了阅读赋予她的精神之旅,就喜欢上了阅读(图1.5)。

图 1.5　21 世纪作家理查德·赖特。赖特在他的自传中描述了他第一次遇到虚构小说的故事。一位租住在赖特祖母家的年轻女教师,在得知他不知道任何儿童故事后,给他讲了一个关于海盗的故事。他完全着迷了:"我的生命意义得到了深化,对事物的感受完全不同了。这个故事在我内心深处产生的激励再也没有离开过我。"

来源:卡尔·凡·维克滕,http://www.loc.gov/pictures/item/2004663766.

我们可以把这个关系再展开一点。标准阅读测试表明喜欢阅读的孩子通常有较强的阅读能力,这一点也不让我们感到吃惊:我们通常喜欢自己擅长的东西,反之亦然。这种情形就会形成正面的反馈回路(图 1.6)。

图 1.6　阅读的良性循环

来源:©丹尼尔·威林厄姆。

如果你是一位好读者,你多半会享受所读的故事,因为阅读故事不像是在干一件苦差事。这份享受意味着你对阅读有积极的态度,即你相信阅读是一件令人愉快、有价值的事情。好态度意味着你会经常阅读,读得越多会让你越擅长阅读。如果你的解码能力越来越好,你读到的所有东西便会添加到你的背景知识中去。让我们预测一下它的反面:如果你觉得阅读是一件很难的事情,你就不会喜欢阅读,你就会对阅读活动形成负面的态度,从而尽可能地逃避阅读,这意味着你将越来越落后于你的同伴。这个循环叫作"马太效应",它源自圣经上有这样一段话:"凡有的,还要加倍给他,叫他丰足有余;没有的,连他所有的,也要夺去。"(马太福音)。一言以蔽之,富的更富,穷的更穷。

阅读自我概念

你大概知道 Twitter 是一个允许使用者发送短信的网站。使用者要写一个简短的人物介绍,其他使用者都可以看到这个自我描述。该简介不能超过160个字,因此必须简洁。为了让你感受到什么是简洁,让我来告诉你,你现在读的这个句子有49个字。即使你没有Twitter账户,也请你考虑一下怎样用160个字做一个自我描述。为了节约起见,许多人写一系列词组来介绍自己(图1.7)。从Twitter人物简介联想到自我概念不是一件坏事。Twitter人物简介是一组归纳和概括我们行事方式(内向者、活跃分子)和所扮演角色(教授、父亲)的短语。

我们现在对自我的一个小的方面发生了兴趣:就阅读而言,你如何看待你自己。阅读概念可能与阅读态度相关,但二者不是一回事。你可能认为开卷有益(态度是积极的),自己是一个非常称职的读者,但是你没有将阅读看作是你个人的一个重要的组成部分。基于这个原因,我认为阅读概念比阅读态度更重要一些。这本书的目的不是帮助你把孩子培养成有积极的阅读态度、但从来不读书的人。

1. 用每一个发明来传播爱,永远献身于怪物王国。	A. 艾莉西亚·凯斯
2. 对工作充满激情,爱我的家人,致力于传播光明。	B. 阿什顿·库彻
3. 我制造东西,实际上我胡乱编造东西,大多是编造故事,将人们的思想、梦想和行为组合起来。这就是我。	C. 嘎嘎小姐
4. 天体物理学家	D. 吉米·法伦

图1.7 描述自我概念的Twitter个人简介。为了符合简洁的要求,自我描述通常包括我们扮演的角色和性格特征。看看你能否将Twitter的个人简介(左边)和它们的作者匹配起来(右边)。

来源:Twitter上的档案文本,2004年9月8日。

如果"爱读书"成为你自我概念的一部分,那么,读书对你来说就是一项经常性的、能做到的活动。"我在两个小时的火车旅程中干什么呢?我要把ipod带上。对了,我还要带一本书。"当然,你读得越多,越多"爱读书的意识"就会筑牢在你的自我概念中。"我做什么"和"我认为自己是什么"之间相互影响,相互强化(图1.8)。相反,那些自我概念中没有"爱读书"成分的儿童是不会将读书作为一个选项的。他们对阅读的态度可能是中性的,甚至是略微积极的,但他们不会将阅读看作是"我应该做的事情"。同样,我没有刻意决定不去参加文艺复兴嘉年华,并不是我不喜欢嘉年华,而是我从未想过是否会享受逛嘉年华的过程(图1.8)。

图 1.8 加上自我概念的良性阅读循环。阅读自我概念的建构得益于积极的阅读态度和阅读行为。

来源：©丹尼尔·威林厄姆。

为什么有的 4 岁的孩子有读者的意识，而有的却没有呢？很显然，如果我读得越多，就越认为自己是一名读者。的确如此，尤其是当我感知到自己比其他人读得多时，有一种鹤立鸡群的感觉。太小的孩子不会作这种广泛的比较，大一点的孩子才会这样做。尽管如此，你还是要让孩子从小开始阅读（即使"阅读"只是看图片而已），以构建阅读自我概念。

快速浏览阅读动机这一部分，我们讨论的进展似乎不大。我确定了两个重要的因素：积极的阅读态度和具有读者意识。但是二者都取决于孩子要实实在在进行一些阅读，这才是我们要解决的问题。如果你的孩子进行了大量的阅读，我们根本就不用担心他的阅读态度或自我概念。我们将回到对阅读理解的讨论上，我曾提到，要通过增强孩子的背景知识来提高他们的阅读理解能力，而增强背景知识的方式是阅读。那么，让孩子爱上阅读的秘诀是让孩子喜欢读书吗？

在某种程度上这是对的。也许阅读是帮助孩子增强解码能力、阅读能力和提升动机水平的最佳途径，这一点也不令人感到惊讶，但我们要找到走出这道旋转门的路径。在后面的章节里，我将提出两个策略：第一，我们要考察其他（而不是阅读）能增强孩子解码能力、阅读能力和提升动机水平的方法；第二，我们要寻找一些让孩子爱上阅读的方法，即使孩子没有积极的阅读态度和较强的自我概念。我们希望通过启动阅读活动产生正面的反馈循环效应。

让我们马上开始行动吧！

注释

"在英语以外的语言中也观察到的现象"：特雷曼和凯斯勒（2003）；特雷曼，凯斯勒,波洛(2006);特雷曼,莱文,凯斯勒(2012)。

"轻韵":沃恩(1902)。

"有许多单词打破了发音规则,这种现象很常见。":齐格勒,斯通,雅各布斯(1997)。

"不确定单词从哪里开头,哪里结尾":霍尔登,麦吉尼蒂(1972)。

"在学习阅读过程中遇到麻烦的儿童,通常在听辨单音时也困难重重。":梅尔比-勒尔瓦格,利斯特,休姆(2012)。

"那些教自己阅读的孩子在听故事时也会很容易":巴克曼(1983)。

"在不同语言中都能看到这种现象":安东尼,弗朗西斯(2005);胡,卡兹(1998)。

"金茨提供的例子":金茨(2012)。

"太多的语音、字母之间不对应使阅读变得缓慢艰难。":弗奇,格恩斯巴彻(1994)。

"读者需要知道文本中98%的单词":卡佛(1994);施密特,江,格雷贝(2011)。

"研究者发现阅读测试与各种文化知识测试之间存在强相关关系。":卡宁汉姆,斯坦诺维奇(1991,1997);斯坦诺维奇,卡宁汉姆(1993);斯坦诺维奇,卡宁汉姆,韦斯特(1995);安德森,威尔逊,菲尔丁(1988)。

"随着年龄的增长,他们对阅读的看法越来越消极":埃克尔斯,韦格菲尔德,哈罗德,布鲁门菲尔德,厄尔(1993);雅各布斯,兰萨,奥斯古德,埃克尔斯,韦格菲尔德(2002);库什,沃特金斯(1996);麦肯纳,康拉迪,迈耶(2012);麦肯纳,基尔,埃尔斯沃思(1995)。

"很难分析我们对事物的态度":为了解三种态度,参见阿伦森,威尔逊,阿克特(2012)。

"逻辑论证大多是人们事后组织起来为了证明情感态度的":查找相关文献,参见海特(2012)。

"这种情形可以产生积极的反馈回路。":摩尔,巴斯(2011)。

"当解码技能越来越好时,你阅读的内容又会变成你的背景知识":支撑这个假设最好的证据来自运用了结构方程模型的研究(克拉克,德佐伊萨,2011)。全国范围内考查解码能力与背景知识之间的关系,可参见李(2014)。

"马太效应":斯坦诺维奇(1986)。

"凡有的,还要加倍给他,叫他丰足有余;没有的,就连他所有的,也要夺去。":摩根,富克斯(2007)。

"如果'读者'已经成为自我概念的一部分":要更多了解自我认同,参见霍尔(2012)。

"我所做的事情与我的角色认同之间相互强化":勒特斯多夫,科勒,穆勒(2014)。

第一部分

从出生到学前阶段

第二章

帮助孩子做好学习解码的准备

你可能看过像《你的宝贝会读书了》等一系列视频产品,这些产品声称可以教会3个月大的婴儿一些阅读技巧。实际上,无论有没有这些视频,你的宝宝都还不会读书,但是你可以做一些准备,为宝宝几年后接受阅读教学时扫除障碍、铺平道路。

帮助孩子听辨语音

在第一章,我强调了听辨单个语音的重要性。与没有语音听辨能力的孩子相比,那些具备语音听辨能力的孩子在学校学习阅读时具有绝对的优势。但是语音听辨能力不是自发形成的。音节比单音更容易分辨一些。不会阅读的成年人也许会告诉你 CARROT 和 DOGGY 的音节比 SAT 的音节多。但不识字的成年人不可能告诉你 CARROT 和 SAT 的结尾音相同,与 DOGGY 的结尾音不同。在孩子学会阅读之前,你如何帮助他进行语音听辨呢?

儿向语

帮助孩子进行语音听辨的第一种方法虽然证据不足,你也可能在做这种方法指向的事情,因此我还是要提一提这种方法。你也许听说过有关"儿向语"的科学研究,"儿向语"这个可爱的名称指母亲与婴儿说话的方式。相对于成年人语言,儿向语语速较慢,音高较高,语法比较简单,韵律比较夸张(韵律指话语的旋律,包括语调和节奏等特征。例如,在英语中,句子结尾用升调表明该句子是问句)。

使用儿向语的父母为孩子提供了一个十分清晰的言语模型,或许可以帮助他们学习说话。由于儿向语具有较慢的语速和清晰的发音,它可以使孩子在以后的语音听辨中具有一定的优势(图2.1)。

"我的确意识到使用儿向语意味着缺乏基本的成熟度,但我还是喜欢儿向语。"

图2.1 儿向语。对孩子使用儿向语可以帮助他们学习说话,儿向语言不是高人一等地对孩子说话。孩子理解成年人言语的一天总会到来。

来源:©迈克·威廉斯,漫画数据库平台。

文字游戏

帮助孩子训练语音听辨的第二种方法有着强有力的证据:文字游戏强调单个语音。在有些文字游戏中,孩子还不能参与,只能听其他的孩子玩游戏,这一类活动可以尽可能早一点开始。在另一些文字游戏中,孩子便可以自己玩游戏了。你可以让孩子四五岁时开始玩这种文字游戏,如果孩子已经理解游戏的意思,你可以让他更早开始。以下是一些可以帮助儿童听辨单个语音的文字游戏:

- 与文字游戏有关的儿歌和押韵短诗,例如,名字游戏("Dan, Dan, bo-Ban, banana-fana-fo-Fan, fee-fi-mo-Man. Dan!"),苹果和香蕉("I like to eat, eat, eat, eeples and baneenees."我想吃苹果和香蕉)。
- 经典童谣大量地使用文字游戏。瑟斯博士、谢尔·希尔弗斯坦,还有其他一些儿童作家也常常使用文字游戏。
- 给孩子唱他们熟悉的歌,把每个单词的首字母换成另一个字母,例如,"Mary had a little lamb(玛丽有只小羊羔)"变成"Bary bad a bittle bamb"。
- 尽可能多用头韵:"Great golly! Gobs of grapes!"(天哪!这么多葡萄!)
- 首音误置对该年龄段的孩子来说是一笔滑稽幽默的财富:例如,"mighty fish"(强壮的鱼)变成"fighty mish"。
- 这个有点复杂:用你出生月份的首字母代替你名字的首字母:"Februray" + "Mike"变成"Fike"。在这一天中,你的名字就叫 Fike。
- 复合词对孩子很有吸引力。"它叫稻草人(scarecrow),是因为它吓跑(scares)了乌鸦(crows)。"同形同音异义词和同音异义词也是如此,如"I"(我)和"eye"(眼睛)。

这些文字游戏不仅仅可以帮助孩子听辨语音。它们还向孩子表明你对语言有着浓厚的兴趣:语言很有趣,值得密切关注。

至于能否保证孩子有足够的文字游戏进行"练习",你不必对此感到惶恐。有大量关于课堂教学提升孩子语音意识的研究,有些练习是一些直截了当的问题,如"'can'和'man'押韵吗?"或者"你可以把'ssss'、'aaaa'和'tuh'压缩在一起吗?告诉我它们变成了一个什么单词?"研究者预测,对于大多数孩子来说,发展他们的语音听辨能力进行 20 或 25 小时的文字游戏练习(带反馈)就足够了。

字母学习

既然你已经开始教孩子学习语音,你是不是也应该教 4 岁的孩子辨认字母呢?学习字母对孩子来说似乎是一件难事,也许早一点开始更好一些。正如第一章提到的,字母难学主要是因为它们很容易被混淆。当你看这几个字母时,会发现它们看起来怪怪的,到底是什么字母,一点也不明显(图 2.2)。

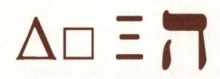

图2.2 不同的字母。字母可以是由直线组成的封闭的图形（像左边两个），也可以是一些不相交的线条（像右边两个）。我们的罗马字母表与以上二者都不一样。

来源：©丹尼尔·威林厄姆。

尽管字母看起来容易被混淆，孩子们也常常把它们弄为一团，但是经过一些练习之后，大多数孩子都能掌握字母。在幼儿园开始阅读教学之前，让孩子学习字母有什么好处吗？

教授字母名称

对教授字母名称的研究到目前为止还没有得出明确的结论。一方面，那些上幼儿园时已掌握了字母知识的孩子后来都成为更优秀的读者，这是几十年前的研究发现。另一方面，早期教孩子认识字母似乎并不能让他们在阅读上占一定的优势。这是为什么呢？答案很明显：认识字母实际上对阅读没有多大帮助。字母知识和成功的阅读联系在一起，是因为字母恰巧与其他的知识一起共同在帮助孩子进行阅读。有这样一个可能性，即孩子通过字母名称了解到字母和语音的关系，从而在阅读方面处于领先地位。没有人真正知道其中的原因，但在我看来，孩子在家里学习字母不应该成为父母过度担心的事情。

运用印刷品

如果你仍然想让孩子学习字母，那么你可以用一些其他的方法，而不是采用直接教学法。运用印刷品，即为孩子大声读书，这是一种有着深厚研究基础的方法。在大声朗读的过程中，孩子一般很少能获得字母知识。他们学不到字母的名称和发音，也学不到字母的形状。这是为什么呢？因为即使孩子在大声朗读中看得见字母，但眼动追踪研究表明他们根本不看字母，他们只看图片。

在运用印刷品时，成年人将孩子的注意力引向打印字母。有些技巧很明确，你可以提问（如，"你能告诉我应该从这一页的什么地方开始读吗？"）或做一些评论

(如,"看,这两个单词一模一样!")。读书的时候,成年人还可以边读边指着书上的单词,把孩子的注意力吸引过来。

有足够的证据显示这种方式可以让孩子学会印刷字体。尽管我相信运用印刷品的方法很管用,但我自己却不是它的超级粉丝。因为无论你是一个学步者,还是一个成年人,你都无法一心二用。如果你在想着字母,你就不能理解故事情节。我倒是希望孩子专注于故事的理解。很显然,如果是字母书,那么字母就是故事。我的基本态度是孩子的兴趣压倒一切:如果他对印刷的文字感兴趣,那么就谈论这些印刷的文字好了。

自然环境中的字母

接下来我要谈谈孩子在自然环境中接触到的字母,而不是阅读过程中看到的字母。孩子整天被车站指示牌、麦片盒子、迪士尼或乐高标识上的字母所包围(图2.3)。

如何利用孩子世界中的文字呢?一个基本的理念是你可以从这些文字中获得信息:妈妈知道在哪里下高速,是因为绿色指示牌上的那些白色形状的东西告诉妈妈这样做。爸爸怎么知道这种麦片里有许多糖分呢?因为他阅读了麦片盒子上的说明。接下来,孩子就会逐渐明白这些字母具有意义。虽然它们形状各异,而且是按照特定的顺序排列的,孩子可能会自己推断出这些事实。如果你们在超市排着长队等待收银时,你完全可以让孩子说出指示牌上的意思。

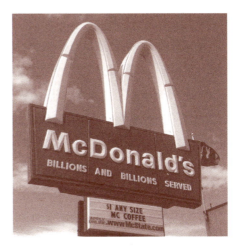

图2.3 字母与标识。让孩子从McDonald's的标识中学习字母"M"是一种简便易行的方法,也可以让孩子意识到印刷文字充斥在她的周围。

来源:ⓒ迈克·莫扎特,Flicker图片分享网。

一旦孩子有了这个基本概念:阅读可以让我们获得意义,而阅读必然涉及字母,那么,你就得无休止地和他们玩阅读游戏了。例如,给他们买上面有字母的积木、冰箱字母磁贴、积木字母书,还要时时处处创造让字母"溜进"他们生活的机会。当你远足小憩时,拿一个木棍在泥巴地上划几个字母。在布满水蒸气的浴室镜子上画一个蝙蝠侠的标识,写上字母"B"。给每一个人做一个带有他或她的名字首字母形状的煎饼。当红灯亮了停下脚步时,跟孩子说:"我们看看在绿灯亮之前可以在这里看到多少个't'。"如果在日常交往中,家长能调动孩子对字母的兴趣,那么在大声朗读时,孩子就很有可能对字母表现出兴趣来。

阅读教学应该从什么时候开始

有关字母学习的研究没有得出明确的结论,人们对阅读教学的研究也是一波三折。我在第一章曾说过,字母和语音之间的对应关系乍一看很不一致,但还是有规律可循,然而这并不意味着孩子们能轻而易举地学会这些规则。我们可以解释"c"为什么有时候发"s"的音,有时候发"k"的音,是因为前者后面接字母"e"、"i"或"y"(如,CENT,CINCH 或 CYCLE),后者后面接其他元音(如,CAT,COLLAR 或 CULPRIT)。即使人们使用规则解释了这种不一致的现象,但如果发音保持不变的话,学习起来也会更容易一些。

英语语码的复杂性给初始读者带来了在学习其他语言时不可能遇到的很大的问题,因为其他语言阅读中的字母—语音对应关系要简单得多。例如,芬兰语和意大利语中的字母和语音几乎是一一对应的关系。在这些国家,孩子们很快就能学会解码,几个月下来,大多数儿童可以正确地读出有一个或两个音节的单词,而英语国家的儿童却远远地落在后面(图 2.4)。

学习英语解码要更难一些,因此,人们很自然地会说:"早一点开始学!"这个想法没有什么错,但是有些数据显示儿童早至 5 岁或迟至 7 岁学习解码并没有什么区别。当然,早一点开始学习解码的儿童在 8 岁左右能成为更优秀的读者,但这些差异在 11 岁时就差不多消失了。优势为什么消失得这么快? 因为,儿童早一点开始学的是解码,而到了 11 岁时,所有的儿童(包括那些较晚开始学习阅读的儿童)都已

图 2.4 欧洲国家的阅读水平。这些数字是孩子一年级结束时正确读出单音节词的平均数。葡萄牙语、法语、荷兰语和英语一样,字母与语音之间的对应比其他语言少一些。

来源：© Shutterstock 网站。赫克特修改自原件："来自西摩、阿罗和厄斯金的百分比。"

成为较好的解码者。因此,为 11 岁儿童设计的阅读测试也要发生改变,没有必要再测试他们的解码能力,而是要把测试的重点放在阅读理解上。我在第一章曾提到,阅读理解在很大程度上依赖背景知识。可见,早一点开始学习解码并不会为孩子带来任何优势。

因此,我不会选择那些骄傲地宣称为 4 岁的孩子教阅读的幼儿园。相反,我会为孩子选择一所能够根据孩子的实际情况进行灵活调整教学计划的幼儿园。如果我的孩子听辨语音的能力比较弱,我希望幼儿园在这个方面能多给他提供一些练习;如果我的孩子对阅读表现出兴趣,我希望幼儿园能在这个方面予以更多的支持。

谈到阅读和幼儿园,我更希望幼儿园为孩子提供了解世界,而不是学习字母的机会。孩子一般在 9 岁左右都能成为较强的解码者。他们的阅读能力在很大程度上依赖于他们的背景知识。然而,学习背景知识不是从 9 岁开始,而是在婴儿期就开始了。让我们现在就开始吧!

> **简要总结**
>
> - 通过游戏帮助孩子听辨语音。
> - 教给孩子一些基本理念,即印刷文字有意义,字母与语音有联系。

注释

"实际上,无论有没有这些视频,你的宝宝都还不会读书":纽曼,凯富,平卡姆,斯特劳斯(2014)。

"父母使用儿向语也许可以帮助孩子学会说话":尼尔逊,赫什-帕塞克,朱塞科,卡西迪(1989)。

"儿向语对孩子听辨语音有一定的好处":希尔文,尼米,沃伊顿(2002)。

"一共20或25小时的练习(加反馈)足够了":美国国家儿童健康和人类发展研究院(2000)。

"那些上幼儿园时已认识字母的孩子,后来都有较强的阅读能力":乔尔(1967);诺埃尔·福林(2005)。

"过早教孩子认识字母似乎并没有让他们在阅读中具有太多的优势":皮亚斯塔,瓦格纳(2010)。

"孩子通过字母名称了解到字母和语音的关系,从而在阅读方面处于领先地位":特雷曼,凯斯勒(2003)。

"在典型的大声朗读中,孩子几乎不能获得字母知识":埃文斯,肖,贝尔(2000);胡德,康伦,安德鲁斯(2008)。

"眼动追踪研究表明孩子根本不看字母":贾斯提斯,斯基伯,凯宁,兰克福德(2005)。

"这种方式可以让孩子学会看印刷字体":见贾斯提斯,普伦的综述(2003)。

"孩子被印刷体包围":纽曼因,胡德,富德,纽曼因(2011)。

"他们的形状非常清晰":利韦,龚,赫赛尔斯,埃文斯,贾里德(2006)。

第三章

培养孩子的求知欲

在第二章中,我们看到为了让孩子做好迎接阅读教学的准备,父母已经开始培养孩子的单音听辨能力。学习语音听辨通常要几个月,甚至几年的时间,然而父母和孩子都没有意识到语音听辨能力对阅读的影响。当孩子接受阅读教学时,他们就要用上语音知识了。

词汇和背景知识(关于世界的一般性知识)也是如此。如果回忆一下第一章的内容,你就会发现词汇和背景知识是阅读理解中的重要因素,读者需要用它们来填补作者在文本中留下的空白。当阅读从幼儿园到二年级的解码阶段突然转到三年级之后的理解阶段后,背景知识起到一个关键性的作用。那些没有丰富背景知识的孩子(通常来自贫困家庭)在三年级或四年级的阅读中就会遇到麻烦,即使他们之前做得都很好。这种现象被称为"四年级低迷"。

显然,你不会在急需背景知识的四年级才开始强调对知识的需求。一个人的知识增长是一个缓慢的过程,在出生的那一刻就开始了。让我们先谈谈词汇在阅读中的作用。

积累词汇

我将用人们观察到的、而你意想不到的现象开始这个重复的话题。婴儿早在说话之前就开始学习单词了,以下的实验足以说明这一点。在该实验中,实验者记录了一个9个月婴儿的大脑活动。实验者将一个带有电极的帽子戴在婴儿的头上,

图 3.1　准备参加测试大脑活动的婴儿。

来源：Cat Thrasher 网站。

每一个电极记录了婴儿颅骨内几百万个神经元的活动(图 3.1)。

研究者在寻找人们感知有意义事物时的独特的大脑反应。假设你在屏幕上看到一些字母组合，这些字母组合每次出现一次：

yare

pova

book

第三个刺激物(book)会引发大脑一个独特的反应，因为它是一个有意义的单词。摸摸你的头顶，把手指往后移动 1—2 英寸，然后找到 1—2 英寸下面左边和右边的两个点，这就是你看到"book(书)"这个单词 0.4 秒后的反应区域。

在实验中，婴儿坐在妈妈的腿上，两个人都面对屏幕。在每一次测试中，妈妈都要指着一个东西，即使这个东西是隐藏、看不见的。例如，她说："瞧，有一只鸭子！"然后屏幕降下来，后面要么是她说的那个物体(一只玩具鸭)，要么是其他物体(如一只发刷)。其他实验表明了当两个意义不匹配时，大脑的"有意义"反应被夸大了。听到"鸭子"这个单词，但看到的却是一把发刷，那么你就会在大脑负责处理意义的区域里进行梳理，想弄清楚到底发生了什么。9 个月大的婴儿已经表现出这种反应，这强有力地说明了他们已经掌握了一些单词的意义。

研究结果说明婴儿在学习词汇，即使他无法告诉你，因此要多对孩子说话。做饭的时候，让孩子坐在婴儿椅上，向他描述你在干什么。在食品杂货店，问问孩子是买黄色的洋葱还是白色的洋葱，哪怕回答你的只是孩子严肃的目光。不要用说教的方式对孩子说话(在我看来)，应该用社交的方式。

对大一点的孩子(如 3 岁以上的孩子)来说，有许多数据表明孩子能够再现他们听到的话语(对他们说的话和他们听到其他人的谈话)。我记得当我最小的孩子 3

岁时，她走过来对我说了这样一句话时，我大吃一惊。她问："爸爸，我可以得到（available）允许坐在你腿上吗？"她把在幼儿园学到的"可以获得"某些物质的概念，应用到我的腿上，她不过是想问问她能否坐在我的腿上。

我们都知道常识在理解词汇中的重要性。我不建议在与孩子的交谈中，使用"扩大词汇网站"上的单词："天哪！乔斯，你变成家里的勤杂工（factotum）了，不是吗？"我建议家长要注意与孩子交谈的方式，并多和孩子进行交谈。我相信他们能够理解并从中受益。当孩子不再是婴幼儿时，不要再对他们使用儿向语（我得承认以下纯属我的个人意见。一次在餐馆听到一位家长假装兴奋地大声对一位6岁的孩子喊道："比威想喝一点'涔'子吗（Does Biwwy want some owange zuice）？"我不禁全身起满鸡皮疙瘩。

构建知识

孩子在2—5岁之间是最热衷于追求知识的，他们在这个阶段不停地提问，想知道所有问题的答案。当然，不是所有提出的问题都意味着他们在学习知识。有时他们是想引起你的注意（"妈咪？"），有时是提出请求（"你能把窗户打开吗？"），有时是请求得到许可（"我能玩任天堂游戏吗？"）。但是这个年龄段的孩子所提出问题的三分之二是要获得信息，他们想了解周围的世界。你可以从孩子的问题模式中感受到他们的求知愿望，他们几乎一半的问题都是呈序列排列的形式。例如，他们让你解释某一件事，你给出的答案又会引发他们新的问题，他们会不断地刨根问底。如果答案没有提供他们需要的信息，他们就会再问一遍。

因此，帮助孩子建构知识的起点就在于回答他的问题。你时刻在孩子的跟前，而且见多识广。还有更胜一筹的一点就是你为孩子提供了他感到好奇的信息。在这个过程中，孩子不仅得到了答案，还获得与你交流的机会，让他知道在家里，问题是很受重视的（图3.2）。

图3.2 埃莉诺·罗斯福论好奇心:"在孩子出生时,如果母亲请求仙女教母给予孩子最有用的礼物,我认为这个礼物应该是好奇心。"事实上,每一个孩子都有好奇心这个礼物,但是好奇心在孩子7岁左右就开始减弱。父母的任务是如何让孩子在童年时期保持牢固的好奇心。对孩子的问题进行解答表明你不仅自己重视好奇心,而且还尊重孩子的好奇心,并在日常生活中起到示范作用。

来源:美国国会图书馆官网。

你可能认为已经回答了孩子所有的问题,但即使是反应最迅速的父母回答孩子的问题也不足25%。当你想到2—5岁年龄段的孩子提出的问题量,就不难理解这一点了。研究者估计这个年龄段的孩子每周大概会提出400—1 200个问题。当我的孩子小的时候,我所理解的父母给予孩子最好的教养应该是平静、仔细地回答他们提出的每一个问题,但我却不时地会抱怨:"我就不能有5分钟喝咖啡的时间吗?"

以下列出一些为什么孩子的问题让你感到受挫的原因,以及如何解决这些问题的建议。

- **我在回答问题的时候,她已经在开小差了。**尝试给孩子简短的答案。例如,如果孩子问:"为什么树叶是绿色的?"你不必告诉孩子光合作用等细节信息,哪怕是精简版的也不要。你这样回答就好了:"树的养料在树叶里,这些养料是绿色的。"对于这个年龄段的孩子来说,答案越简洁越好。如果她想得到更多的信息,她会继续再问的(我推测:父亲通常更喜欢给孩子过于冗长的答案,当然这种推测不是基于任何研究数据)。

- **在我回答之前，她已经走神了。** 有时候孩子只是抛出问题，并不想真正得到答案，例如，孩子对你说的每一件事情都要问"为什么？"你很想说这样一句话来终止这个没完没了的循环，如"你没有在听我说话！"但千万不要这样做。反过来，你向孩子提问。你若是问同样的问题（你认为为什么树叶是绿色的呢），不会起什么作用。问一个孩子知道答案的问题，如"你的书桌为什么是红色的呢？"答案是："因为我们把它漆成了红色。""你认为有人给树叶刷漆吗？"你们可能会进入另一个完全不同的对话，但也很不错哦！

- **她总是一遍又一遍地问同样的问题。** 这不一定说明她没有认真听，或记忆力不好。很可能是上一次你向她解释时，她没有听懂；也可能是你以为已经回答了她的问题，但她问的其实是另一个问题。

- **我应该知道答案，但却不知道。** "天空为什么是蓝色的？"我知道我在什么时候学过……如果你不知道答案，就告诉孩子你不知道好了。告诉孩子这个问题很有趣，并让她提醒你，过后你们一起查找答案。即使是对小孩子，父母也不能推卸寻找答案的责任。你要告诉孩子："你对这个问题感到好奇，太棒了！你自己可以满足你的好奇心！"

- **当我查找答案的时候，她的注意力却不集中了。** 通过什么查找答案？通过查百科全书的词条吗？哇，这很酷哦！在手机上找图片？还是不要在手机上找答案了吧！要先了解什么方式对你的孩子最有效。

- **孩子的问题让我感到不舒服。** "爷爷会因为癌症去世吗？""为什么那两个男人手牵着手呢？""瑞贝卡说她的宗教不信仰耶稣，怎么会这样呢？"不要禁止孩子问一些让你感到不舒服的问题。你不可能将世界的一部分封锁起来，不让孩子对它产生好奇。当然如果孩子感觉到你的不安，可能以后就会少问涉及这一类话题的问题。但要记住，孩子并不知道哪些问题超出了范围。如何解决这个问题，我在这里提三点建议。第一，如实回答孩子提出的问题。对于一些敏感话题，我们总是倾向于认为孩子有意在问令我们感到害怕的问题（图3.3）。第二，简洁弥足珍贵。没有必要告诉孩子太多的信息。第三，如果孩子对你给出的简短回答不满意，坚持要得到更多的信息，而你认为还为时尚早，可以这样说："我已经告诉了你一些信息，我希望你先思考一下。如果还有疑问的话，我们以后再一起讨论。"很有可能他过后就忘记了，如果没有忘记的话，你要考虑一下如何跟他讨论这个问题。

图 3.3 令人尴尬的问题。当一个两岁的孩子问:"小宝宝是从哪里来的?"这个问题时,在我们听起来这是一个关于性行为的问题,其实,孩子并不是这个意思。"他们生长在妈妈的肚子里,在有食物的地方"可能就是孩子想要得到的答案。

来源:乔丹·菲舍尔。

如果你喜欢孩子问问题并对世界表现出好奇心,你可以通过向他们提问来培养他们的这种能力。研究者发现有些父母用指令性语言跟孩子说话,让他们做什么("去睡觉")、不做什么("住手");而有些父母用问题的形式与孩子作深入的交流("今天是星期二,放学后我们应该去哪儿啊?")。所有的父母自然都会用到以上两种方式,但往往会有所偏重,因此建立起来的与孩子的交际模式也不尽相同。如果你总是对孩子发号施令,那么你向孩子传递的信息是,语言的作用就是表达个人的愿望,并希望他人达成该愿望。如果在与孩子交流时你提出许多问题,那么你向孩子表明的是:语言的作用是习得新知识。

有些研究者指出,喜欢提问的父母即使在告诉孩子做某件事时,也会跟孩子发起对话。他们在对孩子提出要求时,会附带一些理由,一些可以让孩子进行反驳的理由。例如,父母说:"你最好现在就去睡觉,否则明天到学校后会感到很疲倦。"孩子试图推翻这个理由:"上个星期我9:30才睡,第二天我并没有感到疲倦啊!"相反,如果父母只是发出指令——"去睡觉",就没有为孩子提供讨价还价的机会或晚睡的理由。

大声朗读

在父母着手帮助孩子拓展知识的活动中,大声朗读也许名列榜首(图3.4)。的确,有充分证据显示大声朗读能够帮助正在学步的孩子获得更多的词汇,理解更复杂的句法。为什么呢?想想孩子无意中听到的父母对话的情形吧!即使是学前儿童读本中的词汇也要比受过高等教育的成年人对话中的词汇要丰富一些。对话

图3.4 大声朗读。美国教育学会1985年委托10位著名阅读专家起草了一份报告,他们一致认为大声朗读能够让更多孩子爱上阅读。

来源:ⓒ亚历克斯·吉洪诺夫,Fotolia网站,报告见安德森(1985)。

时常被打断,对话中的句子往往不完整,而完整句子的句法通常很简单。

谈到建构背景知识,我们很自然地想到为孩子大声朗读非小说类文学作品。这个主意不错,它让孩子知道不仅可以选择叙事类图书,还可以选择许许多多非小说类书籍。与以往一样,对于孩子喜欢什么样的书籍,我一直是比较敏感的。如读了我写的那本关于池塘中生物的美妙书籍后,我的孩子想急切阅读《好奇的乔治》,那我就给她读《好奇的乔治》好了。但是,一两天之后,我会再为她选另一本非小说类文学作品。

当孩子进入幼儿园后,大声朗读对孩子学习阅读就不起什么作用了,但是,我们不能有这样的期待。孩子在幼儿园开始学习解码,大声朗读给孩子带来的好处主要体现在背景知识和词汇方面,这些好处通常在孩子三年级或四年级时才显现出来。

你如何开始为孩子读书

我们没有理由不为新生儿读书(美国儿科学会推荐家长这样做),这里说的"新生儿"是指刚从医院抱回到家的婴儿。为孩子读书也许是抱孩子的一个好理由。你也许意识到孩子是看不见书上的内容的,婴儿出生时的视力是 20/500(指婴儿的可视距离是 20 英尺,而视力好的成年人的可视距离是 500 英尺)。当他们满 3 个月时,他们才开始有色觉(但是他们看不见蓝色的物体),这个时候他们才能较好地聚焦事物。而且婴儿 3 个月时的社交性远比出生 3 天时的社交性强。在我看来,他们满 3 个月时为他们读书是一个很好的时机。

我跟孩子一起做的主要的(或唯一的)事情是把读书当作一个睡前仪式——一个双方都喜欢的仪式,该仪式可以使孩子放松,知道该睡觉了。为孩子读书在我看来是一件很简单的事情:把孩子抱在腿上,把书举在她面前,同时不断提醒自己,即使她注意力不集中,或者把书咬在嘴里,也没有关系。如果你为婴儿设定了更加雄心勃勃的读书目标,认为孩子正在接触一些词汇,或者你可以为孩子打下字母原理(字母代表语音)的基础,那么这本书将指导读书的爸爸你在为孩子读书时如何引导孩子的注意力(图 3.5)。

图 3.5 从图画书上学习单词。如果你想让小孩子通过大声朗读学习单词(这从来不是我的目标),你最好找一本每一页上都有实物的书籍,一边读名称,一边指着该实物。只说"猫",而不是说:"看,这有一只猫。你也有一只猫,对吧?这只猫是灰色的,你的猫是棕色的,对吧?"如果你想让孩子学习某个内容,就要把学习的内容解释清楚。

来源:ⓒ威奇托拉·斯利苏赖,Fotolia 网站。

对话式阅读

如果你真的想让孩子最大限度地通过大声朗读学到东西,你可以考虑运用对话式的阅读技巧。人们应用印刷文字(在前一章讨论过)教孩子认识字母。而对话式阅读则是让孩子通过大声朗读学习新单词和更复杂的句法。对话式阅读的步骤可以用首字母缩略词 PEER 概括如下:

> **P**rompt:**提示孩子说出书上的内容。**
> **E**valuate:**评价孩子的答案。**
> **E**xpand:用新的信息**拓展孩子的答案。**
> **R**epeat:**重复提示。**

例如,你在给孩子读书时,看到页面上一个场院,你可能会指着一台拖拉机问:"这是什么?"(提示)。孩子回答:"这是一辆卡车。"你说:"是的,这是一种卡车。"(评

第三章 培养孩子的求知欲 43

价)。"这种卡车叫拖拉机。"(拓展)。"你能跟着我说'拖拉机'吗?"(重复)。

你可以用许多不同种类的提示,虽然并不是所有的提示都能让孩子确定某样东西或某个事物。你可以让孩子将书中的某个内容与他自身的体验联系起来,你可以让他描述书中发生的事情。你还可以在读完一本书后,问问孩子在某一个人物的身上发生了什么事情。

有些父母觉得对话式阅读有些正式,对此我可以理解。对话式阅读的确有说教之嫌,似乎失去了大声朗读带来的乐趣。但是研究者在对对话式阅读进行了全面彻底的研究之后,发现对话式阅读的作用很大。与单纯的大声朗读相比,对话式阅读对孩子的语言能力有更大的影响,而单纯的大声朗读却没有太多的积极作用。我相信这些研究结果,但这些研究的周期都相对比较短。从长远的角度来看,我认为大声朗读还是有一定价值的。因此,如果对话式阅读让你感到并不适应,也没有关系,这并不是你给两岁孩子读书的唯一方法。但是,你可以不时地尝试一下对话式阅读,说不定你的孩子会很喜欢呢。

大声朗读的一些常识性提示

即使你不使用专家指定的一些大声朗读的方法,但是我认为你还是应该考虑一下大声朗读使用的原则。以下是一些针对学步者和学龄前儿童的阅读建议(这些建议不是基于研究结果):

准备

1. 找一个固定的时间为孩子读书。睡觉之前为孩子读书是一件很自然的事情,但是如果该时间不适合你们家,找一个其他时间。妈妈做晚餐时,爸爸可以为孩子读书,或者爸爸做晚餐时,妈妈为孩子读书。
2. 有许多渠道可以帮你找到用于大声朗读的书籍,我在这本书的结尾处"进一步阅读的建议"中提到了一些。儿童图书管理员是最好的资源,他们不仅具有丰富的儿童文学知识,而且还可以根据孩子的兴趣以及孩子过去喜欢的书籍来挑选新书。
3. 在选书时,要留神一些让孩子感到不舒服的主题(如带有强烈情感色彩的书)。
4. 不要忽略你自己的偏好。我的女儿喜欢《糊涂女佣》这一类书,但我却不能容忍它们。我更擅长为孩子读其他的书,因此,我选择读其他的书。
5. 从图书馆借很多书回来,如果孩子不喜欢其中某一本书,你可以换另一本。

读书

1. 如果你想靠着孩子,就把书举在孩子面前,让他能看见书中的图画。如果你面对孩子读书,读完一页后,然后把书上的插图给他看,这样他就能在某一个时间段里专心做一件事情(先听故事,然后再看图)。
2. 向孩子指出标题、作者和插图者的姓名。
3. 把朗读速度放慢一点。即使是最简单的故事,对孩子的认知都构成一定的挑战。因此,如果孩子想一遍又一遍地听同样的故事,不要回避,他很有可能在听第一遍,甚至是第三遍时都没有完全理解一些细节。如果不断重复让你受不了,建议换一本他喜欢的新书。
4. 在为孩子读书时,不要要求他们表现得很完美(学步的孩子通常会动来动去,一刻也不消停),但是如果孩子完全没有在听,那么就停下来,而不要说:"安静下来!"或者"如果你注意力不集中,我就没法为你读书。"这时候你能做的事情是等待。如果他并不介意你停下来,可以问问他是不是想听另一本书。
5. 如果孩子习惯于动来动去,那么可以考虑让孩子表演故事中的动作。这既可以为孩子的好动找到一个出口,又能让孩子专注于故事的情节。
6. 如果孩子想自己拿书或翻书页,那就让他这样做,即使这增加了你读书的难度。他可能会更加专注于翻书,而不是故事情节,但这个阶段不会持续太长。
7. 如果你找的书太难,里面有大段的描述和大量的生词,你可以自己做一些编辑工作。你也可以停下来,帮孩子做一个总结,或者问问孩子是否听懂了故事中发生的事情。
8. 用夸张的表情和带有戏剧性的声音为孩子读书。不要觉得难为情,孩子并不会对你作出评判(图3.6)。

图3.6 表情夸张。如果你没有热情,对故事没有兴趣,那你的孩子为什么要对故事感兴趣呢?

来源:©盖尔·洛维特。

第三章 培养孩子的求知欲

用于大声朗读的电子书

如果将电子书用于大声朗读会产生不同的效果吗？有研究将儿童和父母一起听语音书与阅读纸质书或电子书的情况进行了比较，主要目的是测试故事理解能力、听辨语音能力是否增强、字母知识水平是否提高等。有些研究发现电子书优于纸质书，有些研究结果则相反，还有一些研究发现两者之间没有差别。有些研究表明当孩子与父母一起读电子书时，互动方式有所不同，然而电子书对孩子阅读能力是否产生影响，目前还没有得出一致性结论。

为什么研究数据如此不同？很可能是因为儿童电子书的形式多种多样。例如，当孩子触摸动物的图像时，动物的名称就会出现在屏幕上。如果字母—语音的对应关系比较简单（像狗"dog"，而不像美洲虎"jaguar"那么复杂），那么就可以增强孩子的字母意识。如果这种互动方式能将孩子的注意力吸引过来，就有助于孩子对故事的理解。如果不能吸引孩子注意力的话，则会适得其反，影响孩子理解故事的专注程度。

....

我在这里就大声朗读提出了许多建议，但有一个问题，即我假设孩子喜欢大声朗读。如果孩子对大声朗读不感兴趣怎么办，现在我们要将注意力转向阅读的动机问题。

简要总结

- 不要过度简化你话语中的词汇。
- 回答问题。
- 提出问题。
- 大声朗读。

注释

"九个月的婴儿就开始有这种反应"：荣格，卡特勒，哈古尔特（2012）；帕里斯，克里斯布拉(2012)。

"儿童通常会再现他们听到的话语":威兹曼,斯诺(2001);齐默曼和其他人(2009)。

"我建议你注意与孩子说话的方式":兰德里和其他人(2012)。

"这个年龄段的孩子提出的三分之二的问题是想要获得信息":乔伊纳德,哈里斯,马拉措斯(2007)。

"这个年龄段的孩子每周大概会提出400—1 200个问题":乔伊纳德和其他人(2007)。

"你在向孩子表明,语言的作用是习得新知识":蒂泽德,休斯(1984)。

"喜欢提问的父母即使在告诉孩子做某件事时,也会跟孩子发起对话。":拉罗(2003)。

"大声朗读能够帮助正在学步的孩子获得更多的词汇,理解更复杂的句法":胡德,康伦,安德鲁斯(2008)。

"主要出现在3到4年级":狄金森,高林科夫,赫什-帕塞克(2010)。

"可以考虑用另一种方法,即对话式阅读":阿诺德,怀特赫斯特(1994);泽芬贝亨,怀特赫斯特(2003)。

"通过大声朗读,孩子可以学到新单词和更复杂的句法":贾斯提斯,普伦(2003);摩尔,巴斯,德荣,斯梅茨(2008)。

"电子书优于纸质书":为了解更多这方面的内容,参见克拉特,西格尔-德罗里,克莱恩(2009);西格尔-德罗里,沙密,克拉特,克莱恩(2009)。

"有研究表明电子书不如纸质书":为了解更多这方面的内容,参见德荣,巴斯(2002);马修(1997);特鲁舍尔,布瑞尔,梅特兰(2001)。

"有研究显示电子书与纸质书之间没有差别":为了解更多这方面的内容,参见德荣,巴斯(2004);克拉特,奥尔(2010);克拉特,沙密(2007)。

"当孩子与父母一起读电子书时,互动方式有所不同":帕瑞诗-莫里斯,马哈詹,赫什-帕塞克,高林科夫(2011);西格尔-罗德里,等(2009)。

第四章

在学会阅读之前就把自己当作读者

可以说我们的目的是培养一名自始至终都有动机的读者。如果孩子缺乏有助于阅读理解的解码技能和背景知识,那么孩子可以通过阅读获得这些技能和知识,并且如果孩子有阅读动机,就会去读书。

我在第一章里曾指出,动机靠积极态度和读者概念维持。但是我们面临一个两难境地,即孩子需要通过阅读(并享受阅读)来培养积极的态度和牢固的阅读自我概念。在这一章,我们将仔细研究两个策略:一是不借助阅读活动改善孩子的阅读态度和阅读自我概念,二是让孩子主动选择阅读活动。

间接影响

情感态度,如我喜欢或讨厌干果蛋糕,显然是我们自身体验的产物。当我们尝试干果蛋糕并作出反应,这就是我们的态度。自我概念也是由体验驱动的。如果我们不断选择吃干果蛋糕,那么"自豪的干果蛋糕食用者"就会成为我们自我概念的一部分。同样,孩子对阅读和学习新东西的态度,是受书本和学习的直接体验的影响。但是,态度和自我概念也会受到间接影响。

影响态度的间接因素

直接体验并不是情感态度的唯一来源。如果是的话,你如何解释那些喜欢可口可乐却讨厌百事可乐的人的态度呢？难道有人在一边喝可口可乐，一边在想："呀嗨，呀嗨，太好喝了！"而当他一时疏忽喝了百事可乐，会想到"天哪！这太糟糕了"吗？（如果需要证据的话，你应该喜欢实验者把可口可乐装进百事可乐的瓶子里，或把百事可乐装进可口可乐的瓶子里的实验，该实验结果是被试根据瓶子上的标签而不是瓶子里的内容选择他们"喜欢的"的饮料）这些态度中的情感不是来自对产品的体验，而是来自与产品相关联的情感反应。可口可乐非常重视广告效应：可口，毫无疑问。除此之外，广告还寻求在可口可乐与消费者喜爱的事物之间建立联想：如年轻人的爱情、可爱的北极熊、圣诞老人，以及一些魅力四射的人。

当我们读出这些广告背后的心理机制时，不免有一种毛骨悚然的感觉，这就像巴甫洛夫著名实验中分泌唾液的狗一样，狗吃东西的时候会分泌唾液。如果给狗喂食之前，在狗的面前摇摇铃铛（如此反复十几次），那么，以后狗一听到铃声就会分泌唾液。广告商对分泌唾液不感兴趣，他们只对正面情绪感兴趣。一个十分有趣、长相俊朗、裹着浴巾的肌肉男在许多人眼里都会引发积极的情感。如果把这个男子的形象与欧仕派配对多次呈现在人们面前，那么欧仕派就会与积极的情感联系在一起。我们通常认为这种完全被操纵的行为不会对我们产生任何影响，但是它的的确确在产生影响。

阅读态度也是靠诸如此类的联想培养起来的。当我在书店里看到我喜欢的儿童读物时，一股怀旧的暖流立刻涌上心头。《小熊维尼》和《霍顿与无名氏》让我想起睡觉之前妈妈为我读书的情景。看到《匹克威客太太》或贝芙莉·克莱瑞的书让我想起我拿到第一张借书证，可以独自进入图书馆时的自豪心情。这股暖流如同巴甫洛夫实验中狗的反应。的确，有研究表明，童年时期与书籍的积极体验与后续阅读行为之间有着密切的联系。

我并不建议让一个裹着浴巾、有趣的肌肉男在你家里不断地徘徊，一边读着《荷马史诗》，一遍低声地赞叹："太迷人了，太迷人了！"但是把阅读与睡前温馨的依偎联系在一起却是可行的。因此，打造一个舒适的阅读角吧（图 4.1）。确定一个时间，让全家人（每个人都各自读自己的书）聚在一起阅读 15 分钟怎么样？也许在阅读时间内，大家可以享用一种特殊的饮料，饮料可以随着季节的变化而变化。

图 4.1 阅读角。我小女儿的房间里有一个天窗,因此,她的房间是一个理想的阅读场所。她姐姐的房间虽然没有天窗,但有一个适合孩子坐的小沙发。

来源:©丹尼尔·威林厄姆。

家庭传统(每一个家庭一再做的一些有意义的事情)是培养和巩固孩子阅读和了解世界积极态度的最好的方法。家庭传统显示你们非常珍惜,并不断重复做的事情,如果用爱心来做这一切的话,可以让人建立起温暖、幸福的联想。例如,我父母把一本字典放在厨房里,百科全书也在几步之遥。我们在厨房吃饭聊天时,很少有哪一天不用到字典的。当时处在青少年时期的我,有时候会对我的书呆子父母翻白眼。"enclose"(把……装入信封)跟"envelop"(包住)是一回事吗?谁在意林肯是否在参议院供过职呢?但是我从父母查看字典和百科全书的行为中得到一些信息:即单词很重要,知识很重要。现在我的厨房里也有一本字典呢!

以下是一些表现家庭传统的例子:

- 在每次换季的第一天,无论是下雨还是晴天,全家人一起出去散步,哪怕时间很短也没有关系。一家人留意到大自然的变化,并一起讨论和欣赏这种变化。
- 每个星期天早晨全家人一起读报,大声朗读一些他们感兴趣的文章。

- 保证每个过生日的人(大人也不例外)至少都能收到一本书作为生日礼物(虽然新的精装本很贵,但是儿童二手书市场很给力)。
- 在每一个新年的早晨,家长让孩子列举出暑假一家人去旅行的城市,附加条件是:列举的城市必须要有博物馆。
- 全家人每个星期去一次图书馆,孩子可以在图书馆尽情地读他们想读的书,还可以把许多书借回家看。
- 如果父母认为孩子平时已经收到足够多的礼物,因此设定一个惯例,即祖父母送给孩子的生日礼物应该是一本书。

影响自我概念的间接因素

在第一章,我写到我们的自我概念来自于我们的行为。就像我们观察自己,然后注意到我们有别于其他人:哇,跟我认识的许多人相比,我好像读了很多书呢!但是读很多书并不是构建自我概念的唯一途径,尤其是孩子小的时候。父母跟孩子的交流非常重要,如交流家庭重视什么、什么是人生中最重要的东西等。

我认为像"我们家是这样的"这一类信息非常重要,孩子很早就能感知和理解这一点。两岁的孩子努力想弄明白为什么孩子和成年人不一样,而五岁的孩子已经能感知到每个家庭之间存在着不同的习惯和行为。例如,他们发现"吃完饭才能吃甜点"不是成年人制定的规矩,而是我们家里的规矩,罗伯特的父母(上帝保佑他们)就不遵守这个规矩。这些差异会引发"我们家与他们家"的比较,也是儿童自我形象形成的另一个原因。

有时候这种信息很直接。我记得大概在10岁的时候,我去一个朋友的家里,发现客厅里有一个装饰盘,我告诉我的朋友,说那个盘子是空的,应该用来装糖果。他认为这是一个好主意,就把空盘子拿给他的妈妈。他妈妈冷冷地嘲讽道:"我们不是那种把糖果放在盘子里的人家。"这句话传递的信息远远超过了糖果:"我们是一个有教养的家庭,不会有那些教养差的家庭里的行为。"(我的疑问是为什么大众糖果展都是面向老百姓的,我猜测一个有教养的人应该知道不去问这个问题)

如何向孩子表明阅读和学习新东西是家庭的价值观呢?一个明显的暗示是让孩子看到你在读书,让孩子做,而你自己不做的事是徒劳的(图4.2)。

图 4.2　率先垂范。在一则伊索寓言里，一只母螃蟹责骂孩子横着走路，小螃蟹说："请您直着走给我看看，我好跟您学啊！"这个寓言在 2500 多年之后仍然具有重要的意义。你不可以叫孩子"去读书"，而自己却在看电视或查看图片分享。

来源：文西斯劳斯·霍拉，来自维基共享资源。

还可以用其他的方式来表现读书的重要性。你可以把书放在家里最显眼的地方，确保你的孩子有自己的书架和藏书，即使比较简陋也没有关系。孩子长大后，告诉他们要把书当作被尊重的对象。要让他们知道：即使有另一个更有趣的活动在召唤你，把洋娃娃丢在地板上还能够容忍，但必须首先把书放好。

除了向孩子表明你热爱读书之外，示范同样可以表明你有了解世界的兴趣、有一份学习新东西的好奇心。当我谈到这一点时，我认为不仅认真思考后回答孩子问题很重要，而且向孩子提问也很重要。当然，还有许多地方可以激发孩子的好奇心，如动物园、儿童博物馆等。家长一定要利用这些资源。如果去这些场所的话，要读一读海报上的信息，以此来激发孩子对阅读的好奇心，而不是仅仅看看动物，或者按一下按钮、看一看在电极之间跳动的闪电球。

这些外出活动固然美妙，但我认为在日常活动中激发孩子的好奇心比把好奇心当作一件特殊的事情来对待更为重要。看到食品杂货店卖新的水果？不妨尝试一下。看一场球赛？想一想双杀多久发生一次。看到一只有趣的昆虫？用手机把它拍下来，回家后再查一查是什么昆虫。出差到某一个地方？可以找找关于这个城镇的信息，即使你知道没有时间去观光游览。

让小孩子开始读书

到目前为止,我们探索了提升孩子积极的阅读态度和自我概念的方法。但阅读动机似乎是一个难题:积极的态度和自我概念是由积极的阅读体验引发的,但是如果孩子没有积极的阅读态度,他为什么要读书呢?态度不是唯一决定我们做什么或不做什么的因素。在这一部分,我们将探讨一些家长可以利用的其他因素,来让孩子爱上阅读。

我们如何选择书籍

当我们想到要让不情愿的孩子开始走上读书的轨道,我们所关注的是要找一本很棒的书。希望书的吸引力能压倒孩子冷漠的态度,并且一旦孩子喜欢上这本书,那么,他的态度就会得到改变。但是任何选择,包括"我应该读这本书吗?"受到许多因素的影响,而不仅仅受这本书是否具有吸引力的影响。为了让你弄清楚这些因素的含义,请看以下问题,请你一边读,一边在心里作答。

问题1:我给你一个1.5盎司(约46.7克)的巧克力棒或三百万美元,你会选哪一个?

问题2:我给你一个你笃定能得到的1.5盎司(约46.7克)的巧克力或一张三百万美元的彩票刮卡,赢得彩票最高奖的可能性是五百万分之一。

问题3:我给你一个你笃定能得到的1.5盎司(约46.7克)的巧克力或一张三百万美元的彩票刮卡,赢得彩票最高奖的可能性是五百万分之一。如果你选择彩票刮卡,你可以立刻得到彩票刮卡;如果你选择巧克力棒,那么,你要等一个月之后开车去另一个城镇领取。

问题4:我给你一个1.5盎司(约46.7克)的巧克力棒,你要吗?

当我列出这些例子的时候,我在想,随着每一次我在两者之间增加一个新的要

素,你在巧克力棒和彩票之间的选择都会发生变化。我的要点是要阐明人们做选择时一般涉及四个因素,这四个因素同样适用于以下选择:是否找酒席承办商承办婚礼,是去遛狗还是在家看电视,是选择读书还是玩电子游戏。

第一个问题——一个巧克力棒和三百万美元突显了预期结果。如果要我作出选择,我想得到什么呢?我当然会选择做那些能为我带来我喜欢的东西的事情。我们在为孩子选择我们希望孩子喜欢的书籍时就是这样想的。

但是当人们作选择时,他们不会只想到结果,因为他们意识到可能得不到预期的结果。第二个问题——当我把三百万变成了同样价值(可能赢不到)的彩票时,就成为这样一个极端的例子——最理想的结果但是得到它的可能性极小,因此,不算昂贵的、但实实在在的巧克力奖励就更具吸引力了。孩子在选择读哪一本书时,他是如何考虑这种可能性的呢?让我们想象以下情境:一个很喜欢《卑鄙的我》这部电影的小学生跟父亲在书店里,父亲指着一本根据该电影改编的早期读物。这个小学生充满信心,认为这本书一定会给她带来许多乐趣,但同时他可能会质疑自己的阅读技能,他看待这本书的方式就像你看待那张彩票一样。

第三个问题(你要等一个月之后才能拿到那张彩票刮卡)强调了选择中的另一个因素。有时候一个结果看起来很诱人,我们也很想得到它,但该选择附带的代价却是我们不愿意付出的。我想把我的起亚汽车换成凯迪拉克,但我不会这么做,因为凯迪拉克的价格太高。很显然,读者需要"付出的"是他们投入到书本中的注意力,相对于读者技能,这是另一个难点。我们认为阅读材料应该对读者构成适度的挑战,另一个代价是找到这本书所费的功夫(图 4.3)。

一个比较微妙的代价是时间,也就是说要等待。如果我们需要等待一段时间之后才能得到某个美好的东西,那么,这个东西的价值就会减少。例如,如果你中午问我晚餐后是否想吃甜点,我很可能会说:"不吃,我正想减掉几磅呢!"但如果晚餐结束时你让我吃蛋糕,我可能很难说不。此时此刻蛋糕的价值远比我盘算着几个小时之后吃的蛋糕更有奖励价值。这对阅读的启示在于我们要让孩子能迅速地获得书籍。如果一个孩子此时此刻非常想读书,不要让他等待几个小时之后才拿到书。

最后一个问题只提到巧克力棒,主要是想强调阅读不是能单独作出的选择。巧克力的选择似乎比较现实,但孩子不会把读书与什么都不做相提并论,他们把读

图 4.3 我们比想象中要懒惰一些。你可能知道制造商会付钱给食品杂货店,让杂货店的老板把他们生产的产品放在令人满意的货架上,令人满意的货架莫过于那些顾客一眼能看到产品的位置。这是一个"可及性"影响人们作出选择的例子。令人难以置信的是,用眼睛上下打量货架变成寻找产品所付出的代价。因此,想最大限度地为孩子创造读书的机会,你要让他轻而易举、不费吹灰之力就能拿到书,你甚至可以把书放在他必经的路线上,即使他险些被书绊倒也没有关系。

来源:艺术职业小组,来自 Fotolia 网站。

书与他可以做的其他事情进行比较,如看电影《仙境之桥》或玩电子游戏《传送门》等。因此,孩子把阅读看作一项有吸引力的选择是不够的,阅读必须是在作出决定的当下最具吸引力的选择才行。一般的高中生并不憎恨阅读,但是他从不选择阅读,因为还有其他更诱人的活动在等着他。

  我认为有四个因素影响孩子是否选择读书:(1)他认为该书可能带给他的快乐;(2)他对阅读该书给他带来快乐体验的可能性进行的判断;(3)他预期阅读该书所付出的代价;(4)除了阅读,他还可以选择什么。这本书自始至终都在强调要最大限度地发挥每一个因素的作用:找到孩子可能喜欢的书,增强孩子阅读的自信心,让孩子能轻易地得到他们想读的书。

把阅读变成一项最具吸引力的选择

这一章讲述的内容主要是关于预备读者看图画书,该内容与我们对大一点孩子阅读的关注并不相关。对于预备读者,你不用过于担心如何挑选适合他们的书或孩子对自己的阅读能力发愁等事情。你关注的焦点应该是如何把阅读变成一项最具吸引力的选择。

有一个最简单的方法可以让孩子立刻开始阅读,即保证他们在感到无聊的地方找到书。例如,在浴室里放一篮子书,在厨房里放另一篮子书。最好用书架,因为书架能很好地把书名展示出来。这样,孩子就能一目了然地看到有什么书,特别是在这个年龄段,对孩子来说,书的封面比书脊更有吸引力(图4.4)。

图4.4 展示书架。这样的书架能让孩子很容易地看到有什么样的书。左边的书架是钉在墙上的,不占用太多的空间,很适合放在厨房或浴室里。

来源:ⓒ斯蒂夫木制品公司,经许可使用。

当你出门排队办事时,记着带上一两本书。也可以在车上放一篮子书,最好放在孩子座椅旁、他们能够得到的地方。在所有出行中,其中一个要去的地方,那就是图书馆,孩子应该每周或每两周去一次。定期去图书馆可以让你一分钱不花就能帮你把书架填满。无论是在寒冷的冬天和炎热的夏季,图书馆都是一个很好的去处。在有许多书的地方逗留很可能让你开始喜欢上读书。

控制孩子在屏幕前的时间

仅仅能够得到书籍还不够,因为即使书就摆在眼前,大多数孩子还是会选择屏幕。"屏幕"一般指视频内容、游戏或其他一些计算机应用等。我无法理解屏幕上的那些动态影像,我们紧盯着那些动态影像就像我们紧盯着燃烧的火焰或汹涌的大海波涛一样。我从未听任何一位家长这样说过:"是啊!他只看过一两次电视,他真的对看电视没什么兴趣。"

小孩子(两岁左右)看电视和视频的时间是他们听大人读书时间的两倍(53分钟/天与23分钟/天)。大一点的孩子(5—8岁)比小孩子看电视的时间要多(120分钟/天),尽管他们每天自己看书和听大人读书的时间差不多一样多(33分钟/天)。这个年龄段的孩子开始使用其他的数字设备:90%的孩子至少用过一次电脑,22%的孩子每天使用电脑。玩带有控制台的电子游戏的数字稍微低一点。但使用其他设备,加上花大量的时间看电视,意味着5—8岁的孩子每天接触各种传播媒体的时间高达3小时40分钟。当孩子十八九岁时,他们平均每天接触媒体的时间高达11个小时。

看到孩子在数字设备上花费这么多时间,我想没有哪个家长会感到高兴。我认为家长没有意识到,其实孩子在刚学会走路时就已经开始接触数字设备了。家长们都应该知道,在孩子小的时候对他们制定规则和限制,比在后面等他们出了问题再予以纠正要容易得多。对孩子来说,视频显然比其他东西更有吸引力,例如,《芝麻街》没法跟《汤姆和杰瑞》相提并论。如果你想让孩子成为一名读者,仅仅控制屏幕内容还不够,还必须控制孩子看屏幕内容的时间。

但是许多家长在孩子小的时候,把屏幕当作救命稻草。我们可以想象以下情景发生的频率吧!妈妈和爸爸工作了一天回到家,他们4岁的孩子一整天都没有见到爸爸妈妈。孩子这个时候又饿又累,烦躁不安,如果让他看一会儿视频,他会感到很满足。在如今的生活中,人们只需要20分钟就能把晚餐端上饭桌。人们经常说数字技术能为孩子带来即时满足,对家长来说又何尝不是这样呢?

虽然有些家长对于把电视当作临时保姆的做法感到难为情,但是我们绝大多数人都这样做过。我们就不要对此小题大做了:这不过是20分钟的视频而已。我们所关注的是父母从中得出怎样的启示,并由此及彼,推及到孩子每天在数字内容方面消耗的时间。你需要一个双管齐下的策略来控制孩子在屏幕前的时间:设定规矩,同时又倡导孩子的独立性。以下是限制孩子看屏幕时间的一些建议:

- 规定孩子每天在屏幕面前待多长时间是一个明确有效的策略。让孩子选择看电视的时间,但是如果这个时间不适合,就让孩子换一个时间,对此不必有什么顾虑。
- 孩子看视频或玩电脑游戏的时间要有规律性。如果你说"每个星期看3个小时",那么,跟踪记录孩子看了多少时间就会变成一件令人头痛的事情,最终会陷入与孩子还剩下多少时间看视频的争论中。
- 不要把电视机或电脑放在孩子的房间里。
- 不要把数字影碟播放机放在汽车里。(有声图书是一个不错的选择)如果你已经在汽车里安装了数字影碟播放机,建议你在长途旅行时使用。
- 如果你的孩子有玩伴,告诉他们的父母你在限制孩子在屏幕前的时间,你不希望他们在一起看视频或玩电脑游戏。你不会给人以狂热分子的印象,根据我的经验,大多数父母都一致认为让孩子的朋友过来一起看电视是一件愚蠢的事情。但是,如果你什么都不说,孩子就可能会选择看碟片。如果家里的规则是"干什么都行",父母就不可能改变孩子的行为方向。
- 坚持你的立场。家长在限制屏幕时间遇到的最大困难是来自孩子的抱怨。
- 当孩子长大不需要午睡了,那么设定一个"保持安静的时间"。这意味着孩子要在他的房间里安静地玩一个小时,玩什么或不玩什么,没有限制,但必须保持安静。在忙乱、嘈杂的一天中有一个小时的宁静,对父母来说不啻为天赐之物,也是孩子自娱自乐的一个很好的练习。

最后一个想法在你看来可能不太现实。如果一个4岁孩子中午不再需要午睡了,他真的能自己静悄悄地玩上一个小时吗?也许可以,但他需要你的帮助。

培养独立性

知道如何让自己快乐起来也是一个技能。孩子们必须要学会这个技能,父母要促进这种技能的学习和发展。这是限制屏幕时间策略的第二个方面。孩子要知道他们必须依靠自己,而不是屏幕或家长,为自己寻找乐趣。

如果家里的孩子还小,只会在地上爬或正在学走路,一定要确保他们的安全,这样,你就不用像老鹰一样盯着他们,生怕他们出现什么状况。但是从另一方面来说,你又要像老鹰一样关注他们,了解他们的兴趣所在。培养孩子的独立性,首先你必须了解他对什么着迷。我曾经看到一位母亲鼓励她 12 个月大的孩子玩培乐多泥胶,但是孩子根本没有兴趣玩泥胶,而是不断地摆弄装泥胶的盒子,她终于意识到孩子对如何盖上盒盖感到好奇。于是,她把培乐多泥胶放在一边,拿出十来个特百惠的盒子让孩子玩,只见孩子把盒子上的盖子取下来、盖上去,如此反复,乐此不疲地玩了 30 分钟。

当孩子独自玩游戏时,要让他们每次只专注于一项活动。如果她自己知道要做什么,那当然最好不过了! 如果不知道,就让她参与你正在做的事情。你扫地的时候,蹒跚学步的孩子可以帮忙拿簸箕;你在搅拌食物的时候,孩子可以帮忙端着碗,参与这些活动都会给孩子一种他正在帮家长干活的感觉。3 岁的孩子可以帮忙手撕生菜叶用来拌色拉,或者把书放回到书架上。4 岁的孩子可以帮忙把餐具放在餐桌上或者给植物浇水。过不了多久,孩子们就不想在家里帮忙干活了,但是这个年龄段的孩子却非常热心。当然,如果这些事情你自己做的话,既快又简单,还不会把东西搞得乱七八糟,但是花气力教他们还是值得的(图 4.5)。

培养孩子的独立性不光花气力,还费时间。不妨考虑分阶段来培养孩子的独立性。在起始阶段,你可能以为可以坐在旁边做自己的事情,但这时孩子会不断地向你报告,要么问问题,要么请求帮助。我的建议是尽可能简洁地回答他们的问题。以我为例,如果我的孩子想让我参与她的活动,那么我会说:"我现在

图 4.5 独立性。有时候你无法让孩子帮你做你手头正在做的事情,例如,你在写东西或用鹤嘴锄在花园里锄地。在这种情况下,建议让孩子跟你一起做一些类似的、力所能及的事情。如果你在写东西,可以让他用彩笔涂颜色,如果你在从事园艺劳动,可以让他给植物浇水。

来源:ⓒ克里斯·帕菲特,来自 Flicker 网站。

第四章 在学会阅读之前就把自己当作读者 59

正在做事情。你知道吗？你自己做得很好啊！继续做，几分钟之后我们再一起看看怎么样，好吗？"（这里需要说明的是，我不是说我从来不与孩子进行互动，有时我是有意识地培养孩子的独立性。）

培养孩子的独立性是一个过程，当孩子长大了，你对她的聪明才智应该有更高的期望。当我 6 岁的孩子说"我感到厌倦了"时，我提出了四五个选项（她可以做的事情）让她选择。如果她不买账，我就说："我只有这些办法。"通常情况下她会找到她自己想做的事情，不会闲着。如果她靠在沙发上抱怨，"我没有事情可干了"，我会告诉她去自己的房间里抱怨，不要在我旁边哼哼唧唧。

最后让我们思考一下这样做的目的。有些家长对于我在家里限制孩子在屏幕前的时间不以为然，我偶尔听到一位朋友有点尖刻地说道："你不能永远保护他们不看屏幕"、"他们可以在其他孩子家里看啊"。我的目的不是让我的孩子永远远离屏幕，而是让他们有足够时间读书。这样，到了十岁的时候，阅读就能牢牢地嵌入到她的生命中，成为她生活的一部分而不至于着迷于一些八卦网站、最新的视频游戏等。

....

在大多数学校里，幼儿园标志着早期阅读教学的正式开始。在下一章，我们将开始讨论幼儿园阶段孩子的阅读。

简要总结

- 做一个热爱阅读、热爱知识的榜样。
- 用语言和行动向孩子传达：阅读和学习了解世界是家庭的价值观。
- 改变环境，让阅读成为最吸引人的活动。

注释

"根据瓶子上的标签、而不是瓶子里的内容"：伍尔福克，卡斯特兰，布鲁克斯（1983）。

"欧仕派与积极情感联系在一起":斯图亚特,森普,恩格尔(1984)。

"童年时期与书籍的积极体验与后续阅读行为之间有着密切的联系":贝克,谢尔,麦克勒(1997);罗(1991);瓦尔伯格,蔡(1985)。

"儿童自我形象形成的另一个原因":德巴瑞什(1995);埃文斯,肖,贝尔(2000)。

"他们意识到可能得不到预期的结果":在研究文献中,这叫做"期望值理论"(如,韦格菲尔德,埃克尔斯,2000)。

"平均每天接触媒体的时间高达11个小时":莱德奥特,费尔,罗伯茨(2010)。

第二部分

从幼儿园到小学二年级

第五章

学习解码

从幼儿园到二年级是孩子阅读快速发生变化的年龄段。在这一章,我们要看看学校如何教孩子解码,以及父母如何在家里帮助孩子学习解码。

学校里正在发生的一切

你也许听说过"阅读大战","阅读大战"是指人们对于什么是最好的阅读教学方法进行的喧嚣吵闹的、令人厌恶的论战。了解一下论战的主题——两种教学方法有助于你理解当前教室里发生的一切,你会发现哪一方都没有占上风。现如今教师都是用折衷的方法教孩子阅读的。

两种传统的阅读教学方法

我曾强调过,字母是将语音变成视觉形式的语码,阅读的重要组成部分就是解码、把视觉形式还原为语音的过程。实际上,人们在运用与理解口语相同的心理机制来理解阅读内容,因此,从某种意义上来说,阅读是一个自我交谈的过程。

乍听起来,似乎阅读教学不应该有什么争议:教孩子语码就好了。制定教学计划按特定顺序向孩子介绍字母——语音关系,首先教授最常见的字母——语音配对。这种教学策略统称为拼音教学法。

拼音教学法产生了一些变体。有些人喜欢单独教字母——语音配对，例如，给孩子看字母"o"，告诉孩子："这个字母读 AW 音，就像 MOP 中的读音一样。"另一个方法是在真实词汇的语境中教孩子字母——语音的对应关系。教师不直接告诉孩子字母组合"ou"通常读 OW，而是通过介绍"cloud"、"mouse"和"found"等单词，让孩子推断出字母与语音之间的关系。

阅读教学的另一派竞争对手认为拼音教学完全没有必要，这个观点最早出现在 1787 年法国人贝努瓦·莫兰写的一本专著《学习语言（无论是死语言还是活语言）的正确方法》里，迄今已经有两百年历史了。莫兰指出，当我们教孩子学习某一物体的名称时，如一件衬衫，你不会罗列出衬衫的各个部分，告诉孩子："这些是纽扣，这是袖口。"你会直接告诉孩子："这是一件衬衫。"莫兰还说："把所有的 ABC 等字母藏起来，让孩子享受全字的快乐，因为他们能更轻松、更愉快地理解和记忆全字。"大约 50 年后，美国教育先驱者霍瑞斯·曼认为："全字教学的好处有很多。"他将孤立的字母比喻为"骨瘦如柴、苍白无血的幽灵"，并评论说难怪孩子在面对字母时会死气沉沉（图 5.1）。

图 5.1 令人胆怯的书写系统。虽然霍瑞斯·曼对字母如同骨瘦如柴的幽灵的描述有点过火，但是当我们面对陌生的书写系统时，对绝大多数英语为母语的人来说，学者体——这种阿拉伯语的书法形式看起来即使不令人感到恐怖，也令人感到胆怯。

来源：维基共享资源。

贝努瓦·莫兰和霍瑞斯·曼都认为学习阅读是一件自然发生的事情,就像学说话一样。当前有一些理论家也持同样的建议,尽管他们不占多数。他们的观点的核心内容是,让孩子反复操练字母是把阅读变成一件不自然的事情、并且是将阅读变得困难重重的罪魁祸首。我们应该让孩子沉浸在愉快和真实的阅读和写作任务中去,为孩子提供目的明确、有意义的阅读体验,这样,他就会有足够的动机去读书、会毫不费力地学会阅读。就像不需要教孩子学说话一样,当孩子一旦被放在有意义和有价值的口头语言环境中,他们自然而然就学会了说话。这种方法认为,孩子是通过全字的形状而不是通过辨别孤立的字母学会了阅读。因此,这种阅读教学方法被叫作全字教学法。

但是全字教学法也有一定的劣势。学习阅读对人类的记忆来说是一项艰巨的任务,因为孩子必须记住每一个单词的形状。高中生的平均单词量是5 000个。还有许多单词看起来非常相像,例如,"dog"(狗)和"bog"(沼泽)。相反,拼音教学法需要记忆的是少之又少的字母——语音配对。

全字教学法的倡导者可能会提出反对意见:并不是让孩子马上就要学习5 000个单词。单词并不是给读者唯一的线索,读者常常可以通过句子中其他单词的意义来猜测某一个新单词的意义。因此,要鼓励读者不能仅仅只依赖单词。文本意义是帮助读者猜测单词的另一个信息流。我们应该为初级读者提供有其他支撑的阅读材料,如叙事故事的图画等,这有助于读者猜测意义(图5.2)。

图5.2 意义提示和阅读。如果一个孩子不认识"牛奶"这个单词,全字教学法倡导者认为这个孩子可以从图画和句子中的其他单词猜测到该词的意义。拼音教学法认为"牛奶"这个单词跟"冰淇淋"一样简单,唯一可靠的方法是对这个单词进行解码。

来源:埃尔森入门读本,由Scott Foresman 1920年出版。

全字教学法的倡导者认为该方法可以为孩子提供丰富、真实的文学体验,教会孩子使用所有的信息资源。随着学习的深入,孩子能猜测出字母——语音的对应关系。有些孩子在完成阅读任务时可能需要一定的帮助,当孩子有这种需求时,我们要尽可能多的为他们提供显性教学。全字教学法的倡导者并不是要完全摒弃"拼音教学法",他们只不过认为拼音教学法不应该成为阅读教学计划的重点和驱动力而已。

谁是正确的呢

阅读教学之争主要集中在两个方面:一方面是"哪一种理论是正确的",另一方面是"遵循某一种理论会产生什么样的后果"。

理论 回答"哪一种理论是正确的"这个问题很容易。全字理论的基本假设几乎是错误的*。阅读不是一个自然的过程。"自然的"意味着尽管手上的任务很复杂,但是人们的神经系统已经为学习这种技能做好了准备。学习自然技能是人类的遗传使然,就像鹦鹉学会唱歌、狮子学会跟踪猎物一样。

当我们说一个技能是"自然的"时,它具备以下三个特征:第一,每个人都可以不费气力地学会这种技能。人们主要是通过观察,而不是显性的教学学习该技能,即他们为学习该技能做好了准备。第二,如果这种技能的学习是人类遗传的一部分,那么,我们在世界上所有的文化中都应该能看到这种技能。第三,人类的神经系统已为学习该技能做好准备,说明人类的神经系统有较长的进化史,而不是在近几千年才进化出适应能力。

人类的某些技能具有以上三个特征(每个人都能学会,存在于所有的文化中,有较长的进化史),如行走、说话、伸手触及物体,以及喜欢社会交往等。但是阅读却不具备以上任何一个特征。大多数人不能仅仅靠观察学会阅读,世界上还有没有文字的族群。最后,写作的进化史并不长,写作这项文化发明只有5 500年历史。

结果 回答"哪一种理论是正确的"这个问题的第二种方式是,仔细研究那些运用语音教学法或全字教学法进行阅读教学的比较实验。人们做了许多这样的实验,最早可以追溯到一百多年前。如果就某一个研究问题人们做了大量的研究,那

---

* 尽管我知道这样说会让一些理论家"怒发冲冠",但我还是交替使用"全字"和"全语言"这两个术语。虽然它们并不相同,但二者都认为少量的语音教学是必要的,从这个角度来看,它们又有共同之处。

么,总有可能挑选出支持自己观点的研究。关于如何总结相关研究文献,人们还进行过热烈的讨论呢!

三个英语国家(美国、英国和澳大利亚)和一些欧盟国家都采取了相同的办法来解决这个问题:请由科学家组成的蓝带小组整理数据,然后撰写一份报告。蓝带小组的四位成员都得出相同的结论:语音教学很重要,需要有计划、系统地进行,而不是只在需要的时候才给孩子教授语音知识。美国科学家协会的成员也得出了相同的结论。

尽管这些报告始终都认为语音教学很重要,但接受全字教学法教学的孩子并不是没有学会阅读。事实上,如果将这些孩子的阅读成绩与接受语音教学法孩子的阅读成绩进行比较,你会发现它们之间有很大的重叠部分(图5.3)。相对于全字字学法,语音教学有一定的优势,但优势并不大。

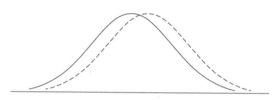

图5.3　语音教学法的优势。实线表明学生的阅读水平是一个钟形曲线,有的学生阅读很吃力,有的学生的阅读能力很强,大多数学生处于中间位置。实线表明在阅读项目中没有系统接受语音教学的学生的阅读水平,而虚线则显示出在阅读项目中系统接受语音教学的学生的阅读水平。由此可见,语音教学有助于提高学生的阅读水平,但两个曲线有很大的重叠部分。

来源:ⓒ丹尼尔·威林厄姆。

还要补充一点,语音教学法呈现出一些平均优势,但并不是每一个孩子都具备这种优势。语音教学法的重要性,因阅读教学起始孩子对阅读了解的程度而异。如果孩子上学时已经具备很好的语音意识,理解字母与其代表的语音之间的关系,那么,语音教学对他们来说就不是那么重要了。他们只需少许帮助就能理解语码。但对于那些缺乏语音知识的孩子来说,语音教学就非常重要了。

语音教学似乎无可争议。但是即使用于学习解码的全字教学法存在着一定的瑕疵，儿童文学作品用于阅读教学对教育者来说始终是一个好主意，20世纪八九十年代积累的研究也支持这个观点。到了90年代末期，人们就此已达成共识，"平衡读写"的阅读教学法应运而生。

平衡读写教学法　平衡读写教学法认为倡导语音教学法是正确的，语音教学很有必要的。但同时认为倡导全字教学法也是正确的，让孩子沉浸在真实的读写活动中非常关键。因此，平衡读写教学法可以解决语音教学法和全字教学法之间的冲突。倡导平衡读写教学法的人又抛出另一个诱惑：平衡教学法中的平衡因孩子之间的差异而有所不同。也就是说，这个理论具有一定的灵活性，能考虑到孩子之间的差异性，做到因材施教。

平衡读写教学法认为有必要为孩子教授语音知识，但必须在一系列活动中进行，尤其要在为孩子提供真实读写体验的活动中进行（而不是完成一个活页练习题而已）。以下列表来自纽约市教育局颁布的教师手册，囊括了从幼儿园到小学二年级的阅读活动。整个列表还包括其他10项活动（共有16项活动），有些活动可能对你来说很熟悉，例如，培养孩子语音意识的教师大声朗读活动。

- 指导性阅读　教师与某一个小组的学生（不超过6个人）一起开展阅读活动。该小组内学生的阅读水平相当，需求相同。学生独自朗读或不出声地阅读人手一份的阅读材料（最好是短篇小说），在这个过程中，教师观察、辅导、提示和评估学生的阅读表现，并鼓励学生对语篇进行批判性的思考。
- 分享阅读　当某一个语篇超出了学生的阅读能力，学生无法独自完成时，教师可以用适中的语速大声朗读该语篇，让学生跟上，尽管学生总会稍稍落在教师后面。教师分别就语音、语法和意义等三种阅读提示系统作出示范。"这句话有意义吗？"（意义）、"这个发音对吗？"（语音）、"这个看起来对吗？"（语法）。
- 独立阅读　学生根据自己的阅读水平选书，并独自负责应对阅读过程中遇到的困难和挑战。
- 模仿写作　教师在学生面前通过有声思维的方式演示写作行为。
- 分享写作　分享写作可以在整个班上进行，也可以在小组内进行。教师和学生分享写作过程。教师担负起录音机的作用，记录他/她和全班同学想说的话，强化印刷文字的概念。
- 互动写作　学生和教师共同写作，教师在关键时刻分享写作经验。互动写作更强调写作规范的教学（与分享写作相比）。

研究者对平衡读写教学法有什么看法呢？该教学法有效果吗？快速而敷衍的回答是："应该有效果。"虽然我们知道语音教学和儿童文学有助于提高孩子的阅读能力，但是更确切的、基于科学研究的答案尚需等待。这主要有两个方面的原因：一是平衡读写教学法相对来说比较新。阅读是否成功受许多因素的影响，人们很难从单个的实验中得出确切的结论。二是平衡读写教学法在具体实施过程中有大量的改动，如阅读教学项目有变化，参与项目的孩子的体验也不尽相同。最近的一个调查表明，美国教师大体上赞同平衡读写教学法的基本原则，但在各自的教学实践中却有许多调整和变动。越来越多的证据证实了我们的直觉：不同的孩子受益于不同的阅读教学活动，这主要取决于课堂给他们带来的能力和兴趣。

现今的阅读课堂

全国性研究表明大多数小学教师正在运用某种形式的平衡读写教学法（几乎没有教师单纯地使用语音教学法或全语言教学法）。但是很难预测出他们开展的相关课堂活动，也没有充分的研究证据显示哪些活动是最好的活动。我们应该何去何从？

课堂活动　对于哪些课堂活动对孩子会有所帮助，我们并不是一头雾水，一无所知。直到更充分的研究证据出现之前，我从认知心理学的角度提出了四个原则，教师在思考如何组织课堂活动时将这些原则牢记于心不失为明智之举。

原则一：不要忘记语音教学。平衡读写教学法的要点在于"语音加上丰富的读写体验。"如果语音教学是 16 个活动之一，那么，你要注意一点，即人们认为 16 个活动具有同等的重要性。有研究者指出有些平衡读写教学计划分配给语音教学的时间不足，甚至没有将字母教学列入其中。如果英语语言艺术板块所占用时间是 90—120 分钟，我希望其中 20%—25% 的时间应该用于语音教学（即 20—30 分钟）。自然地，我并不是说这 20—30 分钟都用于直接语音教学或问答比赛上。不过，还应该提供大量的语音练习活动，让孩子把重点放在语音练习上。

原则二：学生每次只能专注于一件新的事情。有些读写活动要求孩子在同一时间内做两件事情。例如，当教师一边写作、一边进行有声思维时，实际上是在示范写作过程的同时，进行隐性的语音教学。但是，我们从其他研究中获知，孩子（以及成年人)不可能同时专注于两件事情,尤其是当两件事情都具有挑战性时。专注于单个内容的教学更有可能取得成功。

原则三:"做中学"比"看中学"更有效。巴特克人有一句谚语:"你在砍树的过程中学会了砍树。"当我们在观察其他人做某件事情时,很容易走神。因此,我不太赞同分享阅读这样的教学策略,当教师大声朗读某一个语篇,要求学生跟着读的分享阅读中,学生很容易走神。

原则四:反馈很重要。得到纠正的错误有助于学习。如果错误没有得到纠正,就会形成错误的习惯。有时候我们能够捕捉到自己的错误,但是如果我们不是很熟练的话,就做不到这一点。熟手知道自己什么地方做错了,而新手却不知道。因此,在孩子学习解码时,默读的作用赶不上大声朗读。

有时候一个活动不仅有助于增强学生的读写能力,而且还有助于学生针对性地解决一些问题。一位一年级的教师告诉我,她用分享写作的技能对一个学生进行了为期4个月的辅导。这个学生原来一听到写作就呆若木鸡,这位教师非常明智地预见到她的帮助可以使该学生摆脱写作的恐惧。所以说,不同的策略可以发挥各自不同的作用。但对于学习解码的学生而言,我提出以下建议:(1)按照一定的频率学习字母—语音组合;(2)记忆一些常见的不规则词(如"这"、"和"、"当……时候");(3)大声朗读并给予反馈;(4)写作;(5)大量阅读儿童文学作品。

走数字化的道路 我注意到孩子之间存在着个体差异,他们能不同程度地从语音教学中获益,也能做到各取所需。我们非常喜欢这种微调能力:如果孩子能迅速理解某一知识点,就把他引向更有趣的东西;如果不能,就给予他需要的讲解。这种个性化教学是大多数教师梦寐以求的,但听起来却很难做到。事实的确如此。

数字化技术让个性化教学的实施成为可能。计算机应用最终会影响孩子的表现。动画和声音为一些重要但趣味性不强的学习材料增添了活力,声音识别技术为评价学生的回答提供了保证。练习册做不到这一点,教师也不可能同时在全班学生中开展这些活动。

有大量研究考察教育技术对阅读成绩产生的影响,几个研究综述对此类研究做了很好的总结。研究者得出的结论是:数字技术对阅读成绩有适中的积极影响。"适中的"意味着平均,教育技术的干预可以使学生的阅读成绩从第50个百分位上升到第55个或第65个百分位。

虽然数字技术能为人们带来力量,但效果却极其微弱。无论什么科目,如数学、科学或历史,教育技术干预只能为该科目带来适中的影响。约翰·哈蒂的研究发现更令人感到困惑:每当你在教室里尝试一个新的东西时,总会对学生的学习产生一定的影响。这是为什么呢?答案还不明确。(我的猜测是,教师尝试新东西时的激动心情让他们充满热情,教师的激动和热情感染了学生)我要强调的是,总体上来说,教育技术干预产生的效果(尤其是那些针对阅读的教育技术)没有我们想象的那么大。

你可能会提出异议,认为"技术能提高阅读成绩吗"是一个愚蠢的问题,因为技术运用的质量参差不齐,对此我也表示认同。数字技术的优势很强大,人们可能会发明出很好的东西。事实上,你仍然听到人们这样说:数字技术可以让学生根据自己的速度学习,数字技术可以将声音和视频等媒体结合起来,可以给出个性化的反馈。这些优势是明摆着的,可以说,科学技术给人们生活带来便利是不言而喻的。

当然,以上提到的数字技术特征需要得到很好的完善。嵌入式视频可能不仅无法激发学生的好奇心,反而会分散他们的注意力;或者用于提高学生阅读水平的计算程序可能是错误的。如果我们坚持做一件听起来有道理的事情,我们应该注意利用数字技术进行阅读教学也存在一些听起来似乎有道理的缺点和不足。科学技术不能充分利用师生之间的关系,而师生关系在早期阅读中是一个非常重要的因素。此外,破损或遗失的设备、软件小故障,以及兼容等问题在重度依赖科技的环境中是经常让人头疼的事情(图5.4)。

图 5.4 功能丰富但令人困惑的遥控器。这只遥控器有太多的按键,但标记却不清楚。

来源:ⓒ来自 nito Fotolia 网站。

我们已经了解了数字技术本身没有多大帮助这个事实。研究者必须开始着手解决软件对阅读成绩什么时候起帮助作用、什么时候起阻碍作用,或什么时候不起任何作用的问题,还必须理清它们之间错综复杂的关系。然而这不是一项简单的工作。

目前比较温和的结论是,有些科技产品对阅读教学起积极的作用,有些科技产品起消极的作用,而有些科技产品既没有起积极作用也没有起消极作用。因此,我们不应该出于落后于时代的恐惧而惊慌失措地作出购买阅读软件的决定。我知道基于以上原因作出购买软件的决定是愚蠢的,但是只要问问周围的人,你就会遇到许多教师告诉你,他们的学校或地区就是出于"我们不愿意让我们的孩子落后"的原因而购买了阅读软件。

在家里可以做什么

一旦孩子进入幼儿园,帮助孩子走上阅读之路就变得更加复杂了。即使你认识到孩子的阅读教育不完全是学校的任务,但你仍然要考虑清楚如何将你的努力与学校的教育协调起来。我的总体看法是:积极主动地做你认为能帮助孩子的事情,但一定要与孩子的教师进行沟通,至少让教师知道你在做什么,要尽可能地配合教师。

与孩子一同阅读

你已经为孩子读了好几年的书了。当他开始学习解码时,你也要开始与他一同阅读,目的在于他在读书的时候能够得到你的帮助。你对孩子的帮助主要有两种形式:一是当孩子碰到生词时,告诉他这个词怎么读;二是充满热情,为孩子提供情感支撑。在这个阶段的学习中,一对一的练习非常有益,但教师有太多的学生,不可能在教室里进行这种形式的练习。

选对书 当然,书选的是否合适取决于孩子的阅读水平。你可能非常希望阅读材料只包括孩子已知的字母——语音组合,在孩子学习新的字母——语音组合时,他阅读的书籍也包括这些新的组合,这是按照一定频率进行语音教学所要付出的代价。有些套书(如《鲍勃套书》)遵循这种顺序,孩子只能看到他能看懂的单词。最好的方法是请孩子的老师推荐书籍,因为老师最了解孩子的阅读进展情况。

许多孩子都有自己喜欢的书,他们会一遍又一遍地读这本书。这本书他们以前听别人读过许多遍,已经记住了书中的故事情节,因此,当他们读给你听的时候,你可以肯定他们实际上是在背诵这本书。他们并不是逃避更难的解码任务,相反,他们只不过是享受一种看似真正阅读的感觉,而这正是他们阅读的强大动力。因此,当我小女儿让我听她读《前进吧,大狗》(幸好是短版本)时,我常常说:"哦,我也很喜欢这本书,但是你昨天已经给我读过了。咱们今天换一本书吧。"

争取每天都有一段跟孩子一起读书的时间,时间不用太长,每次 5—10 分钟就可以了。5—10 分钟听起来似乎不多,但定期的练习(哪怕是很短的一段时间)还是会使孩子受益。孩子在读书时经历一些小挫折很正常,但如果孩子哪天很不开心了,你可以说:"真不简单!我们今天的阅读就到这里,好吗?"(图 5.5)不要有"既然开卷,就一定要读完"的压力。当然,如果孩子要继续阅读,你就应该继续陪孩子一起阅读。孩子刚开始学习解码时的确很难,因此,要让孩子学习解码的过程充满乐趣。例如,在结束读书时笑着对孩子说:"谢谢!我期待下一次阅读哦!"或类似乐观向上的话语。

图 5.5　阅读练习劳神费力。为了最大限度地保持孩子积极乐观的阅读态度,尽量不要在孩子疲劳、饥饿时进行阅读练习。

来源:©伊万娜·布尔达科娃,来自 Fotolia 网站。

提供反馈 在任何学习过程中,反馈都是一个重要的组成部分,这也是为什么家长要参与孩子阅读的原因。但与此同时,反馈又会分散孩子的注意力。因此,我建议你尽量少说话,让孩子听到他自己的声音,而不是你的声音。如果你想为他加油或表扬他,向他微笑点头即可,不要说"棒极了"或"太对了"这样的话。同样,也不要对故事情节展开讨论。你大声朗读会影响孩子学习解码。因为学习解码几乎占据了孩子所有的注意力,在解码的时候他不能做到一心二用。在解码和意义之间转换对孩子也不会有任何帮助。但是,你可以简短地回答孩子的提问,认可他作出的评论。

如果孩子在某一个单词上卡壳了,不要立即告诉他这个单词的意义(同样,如果他在写作时,问你如何拼写一个单词,在提供帮助之前,你应该先让他自己进行思考)。不要建议他去猜测词义,因为你在训练孩子的解码能力。事实上,大多数孩子都会猜测词义,因为这个策略足以帮助他们应付非常简单的书本,而你在培养孩子阅读和理解更加复杂文本的能力。因此,当孩子猜测词义时,要笑着对孩子说,"把这个单词读出来",即使他猜对了词义。

遮住单词的一部分,让孩子只看到给他带来麻烦的部分。如果他还是一筹莫展,完全被难住了,那么你可以遮住其他部分,只留出首字母(或两个字母组合)。如果他仍然需要帮助,就用相关的规则提醒他:"嗯,这个字母通常读 aw,但当两个字母在一起时,就读其他的音。"如果孩子读错了这个单词,也可以用这个策略来帮助他。不要将正确的答案脱口而出。可以只说"哎哟"或其他简短的话语,同时指着漏掉的词,看看孩子能否理解,如果不能,再给孩子提供帮助(图5.6)。

<u>mispelled</u>

图5.6 不要用自动更改功能。哪一种方式更有利于你学习"egregious"这个单词的正确拼写呢?是计算机的自动更改功能,还是你被告知这个词的拼写是错误的,要予以改正呢?当孩子读错了某一个单词,不要把这个单词说出来,让孩子自己尝试进行改正。

来源:©丹尼尔·威林厄姆。

有时候孩子犯了太多的错误,是因为他们读得太快了。有时候为了避免犯错误,他们的阅读速度又极为缓慢。像任何一项脑力活动一样,速度和精确度很难得兼。我们没有理由不鼓励孩子加快或降低阅读速度,我们可以通过轻柔的手势和少量的话语做到这一点。

应对挫败感　你可能注意到我一直提到要微笑,要保持乐观情绪等。对我(还有许多与我交谈过的其他父母)来说,听孩子读书的时刻是我能想象出来的最美好的亲子活动。尽管我预见到孩子在读书时可能会有沮丧的时刻,但我没有预见到我也会有感到沮丧的时候。例如,我的孩子会停下读书,评论一些完全无关的东西;我多次建议她加快阅读速度,可是她却置若罔闻;我提醒她"ou"的发音,但就在她读下一个有"ou"的单词时,依旧忘了它的发音。总之,会有许多令人沮丧的时刻,但重要的是不要将这种情绪表现出来。如果你和孩子之间的互动是消极的,那么,这种消极的情绪会影响孩子的阅读,即使没有影响的话,也会使孩子变得不愿意与你一起读书。

我提出四个建议来帮助你应对挫败感和沮丧的情绪。第一,不要说太多的话,这不仅对孩子有好处(让他主要听到自己读书的声音),而且还有利于你在沮丧的时候保持镇静。第二,当你说话的时候,要用积极正面,而不是沮丧的语调向孩子传递信息。当我的小孩子在60秒内三次问我同一个词时,我真想大声叫道:"你知道这个单词。"然而,我训练自己用说"你这个狡猾的家伙"的语调说"你知道这个词"。也许我什么都不应该说,但是我至少用了积极正面的语气。第三,提醒自己,阅读的时间不过只有5—10分钟。第四,如果你觉得自己没有办法坚持下去,就停下来,让孩子以后再读给你听。磨洋工不仅对解码毫无益处,而且会在很大的程度上消磨了孩子的阅读动机。

教孩子阅读

你可能在想与孩子每天进行短时间的阅读是否足够,为什么不进行真正意义上的阅读教学,而仅仅只做阅读练习呢?

让我们从简单的情况说起。如果在读这本书之前,你从未考虑过语音意识这个问题,现在意识到你6岁的孩子不擅长听辨单音,那么,无论如何你要开始培养孩子的语音意识。培养语音意识的练习会给我们带来傻傻的乐趣,想出错都很难。我在第二章中曾提到一些语音游戏,让孩子玩这些游戏以及孩子老师推荐的语音游戏吧!

解码的情况怎么样呢?我在这一章的开始部分强调过语音教学的重要性,你可能认为我会说:"必须要有人为孩子提供系统的语音教学,如果教师没有这样做,那么,你必须这样做。"但是这并不是我想要说的。

在美国,几乎所有的课堂都进行语音教学。首先,教师了解研究文献,知道语音教学的重要性;其次,许多学区(或州)强制规定孩子必须参加测试语音知识的考试;第三,我如此强调语音的重要性,是因为没有语音知识不可能学会阅读。系统的语音教学可以最大限度地使班上的每一个孩子都学会阅读。有些孩子(不多)的确在没有学习语音知识的情况下学会了阅读,有些孩子在学习了一部分语音知识后学会阅读。但如果有选择的话,我极力主张你把孩子放在系统进行语音教学的班上,但你可能没有这种选择。要是孩子所在的班语音教学看起来并不是很重要,那该怎么办呢?

在家里是否对孩子进行阅读教学,我劝你对这个问题要慎之又慎。虽然有些研究表明在家里进行阅读教学有助于孩子学会阅读,但参与研究的父母都接受过研究者实施的一些特殊技能的培训。如果你没有接受过研究者(或孩子教师)的培训,我想你要么按自己的直觉对孩子进行阅读教学(这是非常冒险的),要么从众多为父母定制的语音教学产品中选取一款。实际上,许多针对阅读教学的产品都不是很合理,并且绝大多数产品枯燥乏味。一位阅读专家曾对我这样说过:"乔装打扮变身为计算机应用程序的、被父母强加给孩子的语音练习,是阅读动机的最大杀手。"阅读动机异常脆弱,一旦消失,很难再找回来。因此,父母扮演的适当的角色应该是一名充满热情的啦啦队队员,而不是布置阅读练习的人。

尽管如此,但如果孩子在学习解码的过程中的确遇到困难,那么,我建议这些孩子必须接受语音教学。这个话题引出另一个话题,即阅读进展。

何时需要关注

以下是美国幼儿园遵循的一些经验法则:

- 到万圣节时,孩子可以辨认字母。
- 到圣诞节时,孩子能读一些有规则的、含有 3 个字母的单词。
- 到放春假时,孩子能读大多数 3 个字母的单词。
- 到年末,孩子能读一些包含更加复杂组合的单词。

如果教学内容保持一致的话,那么这个经验法则还是很奏效的。在撰写本章时,我听说一位幼儿园教师在开始的 9 个星期里只给孩子教了 4 个字母。我认为这个速度太慢了,当然,我不知道这些孩子是否还在学习其他的东西。我曾说过,在美国,有许多小学不惜牺牲其他科目的学习为代价,而花费太多的时间教授低年级学生学习英语、语言、艺术。如果我的孩子在一个阅读速度慢一点,但在数学、科学、历史、音乐和艺术都教得很棒的班上,我是不会有任何抱怨的。

……………

在这本书里我自始至终强调大家要关注阅读的三大要素:解码、理解和动机。孩子在学习解码时,我们很容易忘记理解这个要素,但是阅读理解至关重要,不能忘掉。在下一章,我们要将注意力转向低年级学生持续不断的知识建构。

简要总结

在学校
- 系统的语音教学。
- 儿童文学。
- 提供听、说、读和写的机会。

在家里
- 让孩子读书给你听,最好每天有 5—10 分钟的时间。
- 克制对孩子进行阅读教学的冲动,除非你相信自己有把握知道自己在做什么。
- 对孩子的阅读进展进行监控。

注释

"把所有 ABC 等字母藏起来":引自曼古埃尔(1996,第 79 页)。

"骨瘦如柴、苍白无血的幽灵"：曼因(1841)。

"一些理论家也持同样的观点"：古德曼(1996)。

"不到5 500年"：鲁滨逊(2007)。

"由科学家组成蓝带小组"：美国国家儿童健康和人类发展研究院(2000)；罗斯(2006)；欧盟研究读书识字高水平专家小组(2012)。

"美国科学组织"：全国研究委员会(1998)；雷纳，福曼，佩尔费蒂，佩塞斯基，赛登伯格(2001)。

"取决于孩子在阅读教学开始时具备的知识"：杰恩斯，里特尔(2000)；桑南夏恩，斯特普尔顿，本森(2009)；斯塔尔，米勒(1989)。

"平衡读写的阅读教学法应运而生"：凡塔斯，皮内尔(1996)；普雷斯利(2002)。

"纽约市教育局颁布的教师手册"：斯德比那，柴辛，哈佛尔(2003)。

"课堂教学中有很大的差异"：宾厄姆，霍尔-肯扬(2013)。

"不同的孩子受益于不同的阅读教学活动"：康纳，莫里森，卡奇(2004)；康纳，莫里森，帕特艾拉(2004)。

"大多数小学教师正在运用某种形式的平衡读写教学法"：薛，迈泽尔斯(2004)。

"分配给语音教学的时间不足"：雷纳，坡拉茨厄克，阿什比，克里夫顿(2012)。

"从其他研究中获知，孩子(以及成年人)不可能同时专注于两件事情"：帕什勒(1999)。

"数字技术对阅读成绩有适中的积极影响"：张，斯莱文(2011)。

"教育技术干预只能为该科目带来适中的影响"：哈蒂(2009)；塔米姆，伯纳德，波罗霍夫斯基，阿布拉米，施密德(2011)。

"师生关系在早期阅读中是一个非常重要的因素"：马什伯恩和其他人(2008)。

"有研究表明，这种教学有助于孩子学会阅读"：塞尼查尔，杨(2008)。

第六章

为未来储备知识

当孩子在学习解码时,很明显我们对他们的阅读理解不会抱有太多的期望。但当孩子进入三年级之后,我们开始期望他们能理解更长一些、更复杂一点的文本,也期望他们能阅读故事以外其他体裁的读物。无论是在家里还是在学校,他们都能接触到字母、报刊文章,以及诸如百科全书词条一样的说明文,但是直到小学高年级,学校才会对孩子提出严肃对待文本的要求(如在研究中运用文本)。孩子一旦能够稳妥熟练地进行解码,那么,对他们阅读理解的期望就会随之有所提升。

理解更长的文本

首先,我们要考虑理解更长一些的文本对读者有什么样的要求。理解更长一些的文本,不仅要求读者将语句连接起来,还要求读者将很多意义连接为一个中心意义。然后,我们要考虑学校如何帮助孩子培养应对更具挑战性阅读理解任务的能力。

捕捉主要意义

阅读理解始于读者从语句中提取意义,然后将表达同一事物的意义连接起来("面巾纸在桌子上,面巾纸是白色的")或将相互关联的意义连接起来("陌生人敲窗户,狗发出了叫声")。意义连接的结果是形成一个相关意义的网络,类似一个社会网络。网络连接有强弱之分。

这是讨论阅读理解的一个很好的开端,但还不足以说明阅读理解。请看以下文本:

> 萨莉决定去市中心的大市场。市中心的市场最近进行了改造。市场里有一家熟食店。熟食店的老板非常喜欢烟熏火腿。熟食店老板的妻子想买一辆新车,但还没有决定买哪一种款式。她贷款的那家银行铺着金色的地毯。

如果理解仅仅是将表达同一事物的意义或因果关系的意义连接起来,那么,这个段落并不令人感到奇怪。但是这段话的确让人感到怪怪的,要说明它为什么奇怪并不难。因为这段话没有一个全貌,虽然一个意义与另一个意义相连,但是它没有一个总体思路。

不知为什么,读者需要在记忆中对所读内容的整个画面进行表征。在一个考察读者如何应对这种具有挑战性的整体记忆表征的开创性实验中,研究者用了一个非常简短的文本:"两只鸟栖息在树枝上。一只打开的鸟笼在鸟下方的地上。"假设我问你这样一个问题:"树枝在鸟笼上方吗?"如果你的记忆中只有那些具体的句子,你可能会像这样通过逻辑推理合并已知信息来回答以上问题:

> 我被告知鸟在树枝上。
> 那么,树枝在鸟的下面。
> 我被告知鸟笼在鸟的下方,在地上。
> 通过传递性推理得知,鸟笼一定在树枝的下面。
> 因此,树枝一定在鸟笼的上方。

直觉告诉我们,我们并不是这样回答问题,而且研究结果也与我们的直觉一致。但是在回答有关阅读内容的问题时,读者会做出什么样的选择呢?

读者所做的一个选择是创建、表征对故事整个情形进行描述的语句,确切地说,这叫作情境模型。情境模型可以帮助你记住许多相关的意义(如鸟、树枝和鸟

图 6.1 非言语情境模型。视觉心理意象是表征复杂关系的一种方式,不拘泥于一种描述。你可以通过这个心理意象,很容易判断"鸟笼在树枝的下方"或"树枝在鸟笼的上方",无论阅读材料是如何描述它们的位置的。

来源:ⓒ马修·科尔,来自 Fotolia 网站。

笼的位置),而不仅仅是描述这些意义的语句。情境模型可以用文字表达,也可以不用(图 6.1)。

重新审视背景知识

你将想起,读者需要背景知识连接具有因果关系的语句,情境模型也是如此。背景知识首先影响你创建情境模型的能力,以及你对文本整体信息的理解。背景知识的确能帮助你将句子连接起来,作者省略掉读者创建情境模型的信息,因为作者假设读者知道这些信息。例如,请看以下文本:

> 可以将指针式电子手表当作指南针使用。用手拿着手表旋转,将时针指向太阳。在时针和 12 点中间的位置就是南方。(如果在南半球,这个位置就是北方)

这里需要一些知识来解读个别语句,并将它们连接起来(如"时针的意思"),但

作者懒得提供这个知识。即使你具备连接语句的所有知识,在你的情境模型中,还应包括类似以下的背景知识:

- 将适用于某一种用途的工具用于另一种用途的情况并不常见。
- 当你处在一个需要指南针的情境中,为什么你却没有指南针?
- 电子手表指示方向的功能很简陋,但如果你迷路了,知道大致的方向还是比不知道要强。

背景知识有助于突出、强调整个画面,在读者认识文本重要性、趣味性过程中是至关重要的。请看以下文本:

> 只要观察一下头颅就大致知道大脑的构成部分。哺乳动物的头颅有三大块在头的顶端汇合,汇合点叫作前囟点。脑图谱描绘了相对前囟点的大脑其他不同的组成部分。

尽管这一段和前一段一样,都是在描述怎样找东西,但我猜测大家读起来感觉是不一样的。不是你没有读懂,这些句子都具有意义,句子之间的连接也具有意义,这里缺少的是对该段文字深入的理解,因为发达的情境模型还需要背景知识中的其他信息。也许你不知道为什么要通过查看头颅了解大脑的组成部分,你可能觉得这种定位的方法(就像手表指南一样)不完善,因此很难判断由这种方法得出的大致信息是否真的有用。

了解背景知识给读者的情境模型带来什么不同,以及带来什么样的阅读理解体验不是一件容易的事情。请大家再看一个例子:

> 卡罗尔·哈里斯自从出生起就是一个问题孩子,她易怒、固执、狂暴。哈里斯到了8岁的时候,还是没有任何人能管得住她。她的父母非常关注她的心理健康。在卡罗尔居住的州,没有很好的机构能够帮助她解决这些问题。她的父母最终决定采取行动,为卡罗尔请了一位家庭教师。

我敢打赌,你毫不费力就能读懂这段话。但如果我告诉你:"顺便说一声,主人公卡罗尔·哈里斯就是海伦·凯勒。他们只是把故事中的人名换了一个而已。"这将会改变你对故事的理解,你会从海伦·凯勒失明失聪的事实,以及失明失聪给她带来的沮丧和绝望来理解描述她易怒、狂暴的语句。

想象一个不知道海伦·凯勒的读者读这一段话的情形。这个"读者"对段落的理解跟你读卡罗尔·哈里斯那一段的理解一样,虽然所有的句子都富有意义,整个段落也比较连贯,但读者缺失的是意义的一个重要方面。即使你有足够的知识将语句连接起来,但是深层次的理解仍未达成。这就是情境模型的意义所在:将文本的意义整合为一个大的整体画面,该画面受记忆中其他相关知识的影响。

学校里发生了什么

尽管幼儿园和小学一年级对阅读的要求并不是太高(这个阶段关注的焦点是学习解码),但是一年级之后学校对阅读的要求会迅速提高。我曾强调过,背景知识对阅读理解至关重要,因此,孩子在小学低年级时要获取一定的背景知识。然而,背景知识的学习并不是一件简单的事情,也存在着一定的难度。

对阅读理解的要求逐渐提高

伴随着孩子经历整个小学阶段,建构情景模型变得越来越重要,这里主要有两个方面的原因:

第一,文本变得更加复杂,我们对孩子整合整个文本意义的能力寄予了更大的期望。美国各州共同核心标准为一年级学生推荐《小熊》和《青蛙和蟾蜍——好伙伴》等故事,以及一些其他图画多、文字少的读物,但是给二年级和三年级学生推荐《夏洛特之网》、《又高又丑的萨拉》等更长、更复杂的读物。读者因此必须构建更大的意义组块,与此同时情景模型也随之变得更加复杂。

学生还必须整合不同文本的意义,把从之前文本中获得的知识应用到新文本的理解和学习中去。假设一个孩子对蝴蝶充满激情,读了很多有关蝴蝶行为的书籍,有识别指南等,那么,在他的记忆中,每一个文本有关蝴蝶的情境模型并不是脱离其他文本的情境模型而独立存在的,他将从不同渠道获取的知识组合在一起。

在孩子升入小学高年级后,我们对他们记忆和将以前获取的知识应用到新的阅读中的期望便会与日俱增。

第二,学生开始接触更广泛的体裁。刚上学时,他们读和听的大多数文本是故事。因此,许多孩子都能够很好地理解典型的西方叙事结构:故事中有一个主人公,主人公有一个目标,在实现目标的过程中主人公遇到困难,在故事的结尾,主人公历经千难万险后,最终达到目标。了解文本的基本结构有助于孩子的阅读理解。在了解了文本的基本结构之后,孩子在阅读中遇到的新任务和新事件就能融入到他们熟悉的故事结构中。然而,当孩子开始阅读其他体裁时,他们不再有熟悉的故事结构作为支撑,他们必须学习其他体裁的风格(图6.2)。

6.2 学习新体裁。"识字"意味着小学低年级之前读和听的故事。到小学低年级,孩子开始接触新的体裁。作为写作计划,老师可以让孩子自己办报纸,或者鼓励孩子在指定的网址上,如"此处,彼处,处处是新闻"上阅读一些适合他们年龄段的新闻故事。"此处,彼处,处处是新闻"是《今天》的前制片人为儿童制作的新闻网页。

来源:©亚历山德拉·泰森,来自"此处,彼处,处处是新闻"网页。

在过去的30年间,有一些研究表明,特定的主题知识对阅读理解具有强有力的作用。在其中的一个研究中,小学生参加了测试言语理解和推理能力的标准化测试,实验者还测试了他们有关足球方面的知识。实验者将这些学生按足球知识(高或低)和一般言语技能(高或低)分为四组,然后,实验者让这些学生阅读一篇有关足球的故事,接下来测试他们对故事的理解和记忆(图6.3)。

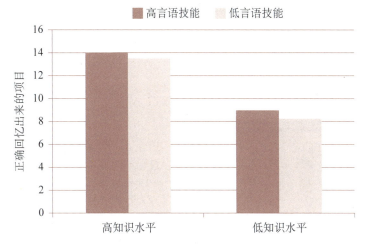

图6.3 知识和言语技能。该图表明读者对有关足球文本的记忆情况。那些"高言语技能"的孩子对文本的记忆量只略高于"低言语技能"的孩子(比较深色和浅色矩形图),但是言语技能效应相对于足球知识效应要小得多。

来源:©美国心理学学会。"特定领域知识与记忆表现:一项比较高水平和低水平儿童的研究"(施耐庵、柯尔和韦纳,1989),发表在《教育心理学》杂志上,81,306—312。数据来自309页的表格2。

在这个实验中,"言语技能"相对于知识来说并不是太重要。了解一些在足球比赛中发生的事情和顺序可以为读者理解文本提供一个有关文本故事的知识框架。

看到这里,我们明白了为什么要保证学生具有广博的背景知识,如果我们的目标是让学生能够读懂为普罗大众写的文本的话。背景知识不仅对连接语句具有重要意义,对理解更长、更具挑战性的文本也功不可没。那么,在小学低年级,我们如何保证学生获得他们需要掌握的知识呢?

获取背景知识的重要性

有研究表明,阅读依赖于所有学科的广博知识,如历史、公民学、科学、数学、文学、戏剧、音乐等。此外,学科知识按顺序排列也很重要。人们一般认为数学概念要一个建立在另一个概念之上,如果顺序正确的话,学起来将会更加容易一些,其他科目的学习也是如此。如果了解第二次世界大战,就更容易理解为什么欧洲殖民主义的残余势力在20世纪50年代会分崩离析。如果了解大萧条,就会更加容易理解为什么会发生第二次世界大战等。因此,学生在低年级学习的东西异常重要,是后续一切学习的基础(图6.4)。

图6.4 早期欧洲殖民者。小学生一般在小学低年级就了解到首批欧洲殖民者抵达美国时的情形(美国国会圆形大厅的镶板上也描绘了早期欧洲殖民者的故事)。如果孩子首先了解美国原住民的历史,然后再学习殖民者的到来不是更容易一些吗?如果孩子先学习农耕方面的知识,理解原住民的生活和文化不是更容易一些吗?同样,如果孩子先学习植物方面的知识,理解农耕生活不是更容易一些吗?

来源:维基百科。

然而,在低年级谈论"学术内容"仍然会让一些成年人焦虑不安。接下来我将讨论一些大家共同关心的问题。

难道孩子就不能像孩子那样吗

当人们听说孩子在幼儿园也会涉及到一些学术知识时,往往会草率地下结论,认为孩子在幼儿园学习学术知识就是意味着学习一长串清单上列举的知识点,教学模式是老师讲,孩子做练习、参加考试等。大孩子也是以这种方式学习学术知识的。但是如果你能读到这里,你应该知道练习和测试不是我的风格。我所想到的学习活动包括大声朗读、课题研究、独立学习、实地考察、视频,还有听老师和来访者讲解、孩子之间相互讲解等多种形式。

理想的状态是,当孩子大一点时,他们能够在阅读练习中学习到丰富的知识。不幸的是他们很难做到这一点,因为目前常用的基础读本并不注重意义,并且文本中的意义也没有按系统的顺序进行编排。由于孩子无法从现成的读本中获得必要的知识,因此,各学校和地区要特别关注孩子的知识学习。

适应发展的需求吗 另一种持"难道孩子就不能像孩子那样学习吗"观点的人认为,处在幼儿园阶段的孩子还不能学习概念,因为这些内容"不适应孩子的发展"。也就是说,人们可以预测心智发展的顺序,6岁的孩子在认知上无法理解一些概念。纽约州在2013年发布了一年级的课程模块后,这种呼声愈来愈高,因为该课程模块关于早期文明的介绍中出现了"石棺"和"楔形文字"等词汇。

许多开设博客的人纷纷在网上发表意见,认为该课程不适合孩子的发展,他们认为当孩子(1)没有五千年的概念;(2)没有关于国家在地球上位置的概念("现代的伊拉克"对他们没有任何意义);(3)不了解自己国家的文明,更谈不上其他国家的文明时,孩子如何能理解具有五千年历史的美索不达米亚文明呢?

我的答案简明扼要:泛泛而谈孩子能理解什么、不能理解什么解决不了任何问题,因为他们的理解取决于学习任务。我常常听到人们说"6岁的孩子不能理解抽象的事物",但其实学习"狗"(或其他类别标签)这个单词就是在学习一个抽象的概念。"狗"不仅适用于某一特定的对象,也适用于某一类对象中的任何一个个体(尽管该类别中许多个体彼此看起来并不相像),这本身就是抽象的内容。孩子能否学会一个抽象的内容更多地取决于他原先知道的东西,而不是取决于与孩子年龄相关的生理预设的发展进程(图6.5)。

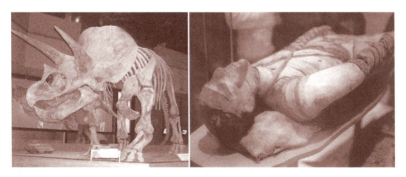

图6.5 生老病死的主题。有些人认为孩子会因为学习一些不熟悉的、不能亲自接触的东西而感到困惑和无聊,但孩子对恐龙和古埃及的着迷程度使这种看法不攻自破。

来源:恐龙© Redvodka, Mathnight 首创,来自 Flicker 网站;木乃伊©卡拉夫卡拉,来自 Flicker 网站。

基于心智假设的"适应性发展"的观点是错误的，它认为心智的发展是呈阶段式的，孩子的心智在某一个月是以这种方式工作，几个月之后又是以另一种方式工作。"他们现在还不能学会这个内容，但一年以后大多数孩子都做好了准备"的背后就蕴含了以上看法。更精确地说，学习新东西被描述为断断续续的过程，孩子在一个情境下可以理解某一个内容，但在另一个情境下却做不到。孩子在星期二可以理解某一个内容，但在星期四同样的情境下却理解不了。因此，对于五千年前的文明意味着什么，孩子只要先增加一些了解和认识。如果要等到你确信他们能理解这个内容，你将要等相当长的时间。你会发现来自富裕家庭的孩子很可能更早就开始接触到一些有助于他们理解的东西。

我忍不住举一个我妻子班上的例子。我妻子是一名小学低年级教师，她为7岁的孩子讲解宇宙创造和人类起源的内容。她为孩子们读描述大爆炸、银河系、恒星和行星的形成、地球的形成、生命的开端、其他物种的进化、人类的进化等段落（描述有3页纸的长度）。在她朗读的时候，助手展开一条黑色的毡毯，这条毡毯有1英尺（约0.3048米）宽、45英尺长。当描述人类的最后一个句子出现时，毡毯的最后一部分也打开了，该部分有一条细细的红丝带。黑色毡毯代表大爆炸之后的时间，红色丝带代表人类存在的时间。看过这个之后，7岁的孩子会对漫长的时间有一个概念上正确的理解吗？当然不会，但是他们的理解已经进了一步。

挤出时间

另一个更严重的问题是时间。我建议大家要更加关注学科内容知识，然而关注就意味着花费一定的时间。低年级的教学时间较少，因为学生从一个活动转向另一个活动时花费的时间比较长。如果老师进行了一些语音教学、大声朗读和写作教学，那么，一天中还剩下多少时间呢？20世纪初期有一两个关于课堂时间分布的研究，研究者对美国的一年级和三年级课堂进行了观察，观察结果如下（图6.6）：

从图中可以看到，语言艺术和数学几乎占用了所有的教学时间，而科学和社会研究完全被忽略了*。因此，在回答"没有时间增加内容"的反对声中，我的答案是

---

* 不幸的是这些数据有些陈旧过时，它们分别是在1997—1999年（一年级）和1999—2001年（三年级）收集的。我不知道有多少老师或教育管理者认为"不让一个孩子掉队"的计划降低了对阅读和数学的重视程度，但是最近一些小规模的研究支持以上研究结论。

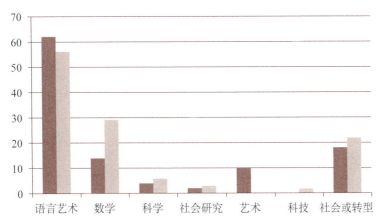

图 6.6 课堂时间分布。一年级(深色矩形图)和三年级(浅色矩形图)不同科目学习的时间分布。数字加起来超过 100 个百分点,因为有些课程合并了一些科目。

来源:一年级数据来自由美国国家儿童健康和人类发展研究院以及早期儿童保健研究网络合写的"一年级课堂环境与课堂结构特征、教师行为、学生行为之间的关系研究"论文,发表在《小学学报》上,102,367—387,数据来自第 376 页的表 2,ⓒ芝加哥大学出版社,2002。三年级数据来自由国家儿童健康和人类发展研究所以及早期儿童保健研究网络合写的"三年级的一天:课堂质量与教师行为,学生行为之间的关系研究",发表在《小学学报》上,105,305—323,数据来自第 314 页的表 2,ⓒⓒ芝加哥大学出版社,2005。

"我们必须挤出时间"。看看平均值,显然就知道应该减少哪些科目的学习时间。我们必须缩减语言艺术活动的时间,代之以科学、历史、戏剧、公民课的学习等。如果不这样做的话,我们预测,到了高年级,学生的阅读理解能力将会因此付出代价。

在家里可以做什么

上述内容以十分严峻的数据结束,这些数据表明了学校在学科内容知识学习上花费的时间。我在第五章提出建议,即使你可以指望教师让孩子爱上阅读,但是到了知识建构时,你却不能要求学校包办一切,并对学校抱有最大的希望。这时,孩子建构知识的任务落在了你自己的头上。在第三章里，我曾描述了一些可以激发孩子兴趣的练习，这些练习到现在仍然适用的。但随着孩子年龄的增长，有些活动的形式可以有所改变。

谈话

你可以向孩子提问，但是随着年龄的增长，他们的答案可能会长一些，这时你可以多问一些开放式的问题。最自然的问题，是问孩子在学校发生的事情，你可能会得到一些孩子社交方面的信息，如课间或午餐时发生了什么。知道孩子在学校里其他时间做了什么事情也不错（这给了你了解孩子学习情况的机会，不仅因为孩子是学习的主体，还因为你对孩子学习的话题感兴趣）。父母在提出"还发生了什么呢"的问题后，往往会看到孩子茫然的眼神，因此，最好问孩子更具体一些的问题。如果知道孩子每天要在老师的提示下进行5分钟的写作，你可以问："今天的写作提示是什么？"这意味着你想了解孩子课堂上发生的一些具体的事情，你还可以从课堂简报、网址或返校晚会上了解到这些信息，或者在与教师的交谈中了解信息。

我认为孩子也可以从告诉你学校发生的事情中学到一些东西。因为，他们要整合思路，按照事情发生的起始、过程、结束的顺序来叙述故事，从而练习了讲故事的技能。因此，即使操场上发生的诸如一年级同盟之间的闹剧不是你想要问的，但要记住孩子在讲述故事的过程中会受益多多。如果你集中注意力、就故事情节提问，尤其在孩子不能按照逻辑顺序叙述时假装迷惑不解，孩子将会得到更大的好处。

除了孩子讲述故事后给他反馈之外，你也可以向孩子讲述你自己的故事，向他演示如何讲故事。在孩子这个不可思议的年龄，他们能理解你也曾年轻过，也非常想知道你的生活经历。你通过讲故事可以给孩子提供一个讲故事的模型，故事中有许多你意想不到的背景信息。我的父亲给我讲述了无数个关于他童年时期的故事，他的童年是在20世纪30年代佐治亚州的罗马市度过的。我父亲讲述了发生在市中心建筑之间的小巷中争夺旗帜的游戏；一个七月的夜晚躺在被汗水湿透的床单上、等待摇头风扇带来一丝丝凉风的不眠之夜；还有一个发生在某一个夏天、轰动全城的故事：一位青少年向一位冷饮售货员挑衅，问冷饮售货员有没有胆量用杀猪刀砍下他的手指。这位青少年确信冷饮售货员会临阵脱逃，而冷饮售货员笃定青少年会在最后关头抽出自己的手指,但是两个人都错了,最终冷饮售货员砍下了青少年的手指。这些故事除了让我更亲近父亲、学会如何组织一个好故事之外,还让我了解了什么是小巷、什么是摇头风扇、什么是冷饮售货员等。

阅读

你应该继续为孩子读书。不要因为孩子学会了读书或者孩子现在可以给你读书了就将读书活动停下来。要记住,在孩子小的时候,你为他读书并不是因为他自己不会读书,而是因为这是你们亲子共度愉快时光的一种方式。当孩子长大后,这并没有发生改变。学习解码势必会遇到困难,这时可以大声朗读,以提醒孩子阅读会给我们带来快乐。当孩子能力增强了,能理解、欣赏更复杂的故事后,他们有可能为你推荐你喜欢的书籍。

在第三章,我建议可以给孩子朗读一些非小说类的文学作品。有的孩子会立即迷上讲述事实的书籍。一位7岁的孩子曾严肃地对我说:"我喜欢讲述信息的书籍。"在这个年龄,可以尝试一下非小说类文学作品,因为孩子在这个时候逐渐培养了一些个人兴趣,这些兴趣可以指导你为孩子选择一些非小说类文学作品,如关于足球、昆虫、芭蕾等内容的书籍。市面上有些很不错的、针对小孩子的书籍,这些书里的插图多,文字内容更丰富。

该年龄段非小说类文学作品的主题主要有:动物、天气和历史。另外,可以尝试让孩子读一些图画书,尤其是这些图画书上有他们感兴趣的游戏。如果她喜欢芭比娃娃,为什么不可以选择芭比娃娃时装方面的书呢?如果孩子喜欢一些"重口味"的东西,为什么不选择尼克·阿诺德的《肚子里的恶心事儿》呢?热衷于赫宝机器人的孩子可能会喜欢《目击者:机器人》。如果在图书馆,这些主题都没有引起孩子的兴趣,那么选一本孩子以前没有接触过的主题的书,悄悄地把它放在浴室的书篮里。很难说会发生什么哦!(如果你的孩子跟我的孩子一样,你假装这本书是你的,把它放在浴室的书篮里,这本书对孩子来说会具有更大的吸引力)

游戏

谈到游戏这个话题,其实有些棋类游戏是获得背景知识有益的资源。我并不是指那些包装得像"游戏"一样的语音或其他练习,这让人想到一种令人不屑的描述:用巧克力包裹的花椰菜。但是有些游戏的确很好玩,并且需要一定的背景知识才行。例如,有关美国地理的《杂乱的美国之州》、有关词汇的《初级苹果派对》、有关拼写的《初级拼字游戏》。我尤其喜欢那些不需要太多知识就能玩的游戏,你可以在不经意的时候介绍给孩子玩。《我爱宙斯》中的人物全部来自希腊神话中的神,《杰作》主要收集了被誉为西方经典的艺术珍品,《20世纪时间旅行》是一种类似拉米纸牌游戏的卡片游戏,卡片上有历史事实,就像卡片游戏《作者》一样。让孩子玩这些游戏时,父母要持谨慎的态度,因为许多游戏都声称具有教育意义。例如,如果游戏中有骰子,该游戏就是计数游戏;如果游戏涉及整理等技能,孩子就要找到一定的模式。

家里自编的一些单词游戏仍然很有乐趣,但随着孩子年龄的增长,要对这些自编的游戏做一些调整。孩子可能不再需要培养语音意识的韵律游戏了,他们已掌握了足够的单词,可以开始玩词汇游戏了。我的孩子喜欢做这种简单的游戏:我说一个单词,让他们猜这个词的同义词。有时候他们给我一个线索,让我来猜词,但我说他们猜,对他们来说要简单一些,即使有些单词很难让人想起来,但当有人提到它们时,就变得容易识别一些了。两个单词的游戏更具有挑战性。例如,我想到两个押韵的单词,然后就用一个句子对它们进行描述:"你把一条跳华尔兹的裤子叫做什么?"A pants dance(跳舞的裤子)。

我妻子在她所教的班上,让孩子们玩一种叫"山姆,再说一遍"的同义词游戏。这种游戏适合不同年龄的孩子。一个人说一句话,如"这个纸杯蛋糕上有一层粉色的糖霜",然后,每一位参与游戏的孩子要改述原句。5岁的孩子说:"这个小蛋糕上面有一层粉色的糖霜。"10岁的孩子可能有更高的目标,不愿意重复原句,会说,"我面前的小蛋糕被一层糖和牛油的混合物覆盖,看起来是浅红色的"。当孩子们充分理解这种游戏后,他们会表现出意想不到的创造力和幽默感。

获得独立性

当孩子学习解码,获得了一定的流利度和信心后,你要教他开始自己做一些以前你帮他做的事情,他说不定也想独立做这些事情呢!当一个单词需要精确的定义或某一个事实尚处在争论中时,孩子们要养好查字典或百科全书的好习惯。这正是为孩子购买适合他们的参考书的好时机。但是请记住,作为新手的孩子们并不会正确使用这些参考书,他们需要你的指导。

在计划家庭出游时,这些初学者的研究技能也可以得到很好的练习。去迪士尼乐园?让我们拿出地球仪,找到奥兰多市。如何查找那儿的天气情况,以便于带上合适的衣服呢?为什么这里这么冷,而奥兰多那么热呢?即使你们只进行一日游,也要在地图上找到目的地,阅读一些与目的地相关的信息(图6.7)。

图6.7 购买一个地球仪。在网络时代,地球仪好像已经过时了,而且他们也并不便宜,一个比较体面的地球仪差不多要50美元,但是我认为购买地球仪是一个很好的投资。在让孩子体验地理距离感方面,没有什么东西能够取代地球仪。使用地球仪之后,孩子在许多年里都会有令人惊讶的发现。(美国不是最大的国家?列支敦士登是乡村?)

来源:©克里斯丁·费舍尔,来自Fotolia网站。

孩子获得独立性的另一个标志是,他们已经准备订阅自己的杂志了。这为家长带来了三重惊喜:(1)有许多很棒的儿童杂志;(2)孩子自己订阅杂志表明他们已经长大了;(3)每个人都喜欢收到邮件。看看《小瓢虫》、《点击世界》、《天才少年》、《国家地理儿童版》、《游侠瑞克》、《各类新闻初级版》、《模考密》、《你最大的后花园》、《新月》、《我们的小地球》、《尼克》、《体育画报儿童版》、《美国女孩》、《石头汤》和《时代杂志儿童版》等杂志,这些杂志不仅有助于孩子建构知识,我们还希望它们激发孩子的阅读动机。下一章我们将思考如何让低年级的孩子保持阅读动机。

> **简要总结**
>
> **在学校**
> - 学习科学、地理、历史、戏剧、公民学、音乐和艺术应该成为学校教育的一个组成部分。
>
> **在家里**
> - 继续做你现在做的事情,但要根据孩子的日益成熟和更加独立作一些调整。
> - 为孩子讲故事,同时也启发孩子给你讲故事。
> - 考虑在大声朗读的书目和孩子的阅读书目中加大非小说类文学作品的比例。

注释

"两只鸟栖息在树枝上,一只打开的鸟笼放在鸟下方的地上":巴克利,布兰斯福德,弗兰克斯,麦卡雷尔,尼施(1974)。

卡罗·哈里斯的故事来自:苏林,杜林(1974)。

"想法不会过于沉重":杜克(2000);莫斯(2008);潘提蒙提,朱克,贾斯提斯,卡德拉维克(2010)。

"我的答案简明扼要":参见威灵厄姆(2008)。

"19世纪早期的一两个研究":美国国家儿童健康和人类发展研究院,儿童早期护理研究网络(2002,2005)。

"近期一些小型研究支持这个普遍性的结论":巴尼费劳尔和其他人(2013);克莱森斯,安吉尔,科伦(2013)。

第七章

防止动机滑坡

在本书的引论部分,我引用了一些令人沮丧的统计数字:尽管普通小学低年级学生对阅读抱有积极的态度,但在后续逐年中会发生一些负面的变化。到了青春期,孩子的阅读态度变得消极,甚至漠然起来。因此,当孩子在小学低年级对阅读仍然抱有积极的态度时,我们应该思考如何防止他们阅读热情的衰退。

学校里发生了什么

在小学低年级,孩子不仅听别人读书,自己也开始读书了。另外,他们还与班上的其他同学比较各自的阅读成绩,这些做法都是构成阅读自我概念和阅读态度的新的要素。

自我概念

小孩子(如4、5岁的孩子)通常认为自己无所不能,认为自己聪明、强壮、技艺高超,还常常迫不及待地提供一些证据予以佐证,如秋千荡得高,会唱字母歌等(不管是否能唱全)。这个时候,他们的自我概念往往很具体,如聪明,就是会唱字母歌等。

当孩子7、8岁时,他们的自我概念逐渐变得抽象起来。"聪明"不仅指某一项技能,还与许多行为相关。他们把不同的体验粘接为一个叙事故事,描述自己是谁。

在这个年龄,自我概念不再是狂热的沾沾自喜。孩子们开始理解自己具有某些优良品质,而缺少另一些优良品质。他们通过比较获得这种认知,认识到尽管他们自认为敏捷、强壮,但是其他孩子秋千荡得更高、跑得更快(图7.1)。

图7.1 我读一年级妹妹的艺术品。我妹妹读一年级时,把她的画作带回家,我妈妈认为她是个神童,而我妹妹通过与其他同学的艺术品进行比较后,认为自己的画算不了什么。我妈妈认为她只是谦虚而已,但是在参加返校晚会后(看到其他孩子的画作),跟我爸爸说,"她说得对,其他孩子画得更好"。

来源:©雪莉·洛丹。

阅读自我概念

小孩子的读者意识主要来自他们对阅读是家庭价值观的理解,以及来自听别人读书,并享受该过程的感受。是否是一名优秀读者,对他们的自我概念并没有太大影响,因为他们还不会自己读书呢!在任何情况下,小孩子的自我评价都不是太实际。

但在小学低年级,孩子开始与其他同学比较阅读进度,比较有助于孩子阅读自我概念的形成。这种比较很简单,因为孩子们的阅读程度相当,阅读文本的难度相同。虽然老师不会把学生叫作"聪明人"或"笨蛋",但即使是一年级的孩子都知道"蓝色知更鸟"小组的学生比"知更鸟"小组的学生的解码能力更强。

对于那些很清楚自己阅读不好的孩子来说,如何保持他们的动机和自我形象不是一件小事。最好的解决方案是肯定他们获得成功的同时，为他们提供情感支撑，即承认他现在学的东西很难，但同时又要告诉他们：如果他们充满信心，就一定能成功。

把课程当作自我概念的放大器　作为一个较晚才进入教育研究领域的人，我有时会被问到，学校研究中最令我感到惊讶的是什么。最令我感到惊讶的是幼儿园阶段的孩子对幼儿园的态度与四年级孩子对学校的态度之间的差异（我在这里不是谈论研究，而是基于对课堂的观察）。幼儿园的孩子，无一例外，在幼儿园里都很开心，虽然他们有时也会对某一个活动感到厌倦或沮丧，但他们总是想在下一个活动中表现得更好。但四年级的孩子却不是这样。只要在四年级的教室里待上10分钟，你就会非常明显地感受到四年级的学生没有把学校看作是为他们提供机会、令人激动的场所，而是看成让他们失败和感受耻辱的地方。当我向小学低年级教师提到我的课堂观察结果时，他们经常说："你在四年级看到这种现象，我们在二年级甚至一年级就看到了。"我确信他们是对的。

我认为这与识字有关。试想一个在解码学习中遇到困难的孩子，虽然他没有因为学习解码感到吃力（他的同学却不感到吃力）而丧失斗志，但自然而然地会对阅读感到沮丧和失望。孩子们在学校里的大多数时间都用于学习英语语言艺术，因此这个问题值得我们深思。如果一个学生在阅读时很不开心，他一定会得出"学校是一个不适合他的地方"的结论。在第六章，我建议拓宽课程设置，因为这是构建一般知识的关键，在幼儿园为孩子们安排更多的科目也有利于培养和保持他们的学习动机。虽然对阅读感到吃力的孩子仍然害怕阅读，但是他知道马上要学习科学、历史和戏剧等科目了，因此，他还是会保持积极向上、认真学习的学术形象。

态度

孩子上学时的阅读态度很积极，但是他们积极的阅读态度逐年在滑坡，那我们一定要了解是什么因素导致了滑坡现象。研究者针对课堂的两大因素进行了大量研究，得出的结论是：孩子的阅读态度受孩子体验到的课堂教学和教师的影响。

教学和动机　语音教学看起来很枯燥。语音教学中毫无意义的机械记忆似乎注定了让孩子觉得阅读是一件无趣的事情,但是有研究结果并不支持这种假设。教孩子解码的教学方式,无论是语音教学法还是全字教学法,对孩子的阅读态度都没有什么影响。这可能是因为当孩子刚开始阅读时,即使阅读得不连贯也会很满足,他们可能是因为能与大孩子和成年人一起进行阅读活动而激动不已,也可能是因为用于全字教学的材料不令人感到兴奋(图7.2)。

猫咪是黑色的,
艾丽斯喜欢她的小猫咪,
她给猫咪喝牛奶。
猫咪喜欢喝牛奶,
艾丽斯也喜欢喝牛奶。
猫咪叫道:"喵!喵!"
然后倒头大睡。

图7.2 全字教学读本。这一页取自全字教学的读本。即使你的目的是让孩子投入到令人激动的故事中去,但是刚开始学习阅读的孩子不认识足够多的字来帮助他们构建一个扣人心弦的故事。

来源:埃尔森入门读本,由Scott Foresman 1920年出版。

我还不知道是否有直接支持这种解释的数据,但有些研究发现证实了这一点。我曾说过,随着年龄的增长,孩子的阅读态度会变得越来越消极,尤其是当孩子学习阅读遇到困难时,他们阅读态度的变化会发生得更快一些。让孩子意识到他们有阅读困难(如把他们放在"慢速"阅读小组)会让问题变得更糟糕。成功的阅读可以孕育良好的阅读态度,有研究结果支持这种带有常识性的看法。

我们还必须记住,当我们比较全字教学法与语音教学法时,我们只是比较了丰富的识字项目的一个方面。例如,我们也看到阅读项目中的优秀儿童文学和大声朗读一样,能培养孩子积极的阅读态度。两者都是真实有效的,并且有大量明白无误的数据作为支撑。语音教学可能没有多少乐趣,但它对动机的负面影响不是太大。我们很难发现识字项目中其他方面对动机有影响。

教师对阅读态度的影响 另外一种(可能更好的)对为什么某一种教学方法不影响学生态度的解释是：真正影响学生态度的是教师如何实施阅读教学。追溯至20世纪60年代的研究表明,学生的参与度主要受教师的行为,而不是阅读项目的驱使。那么,教师应该做些什么让学生对阅读充满热情呢？

教师应该在合适的时间有针对性地给学生布置适当的阅读量。教师可以通过自己的热情和对学生的信心,在课堂上营造正面的情感基调。如果情况变得很糟糕,教师要表现出情感的敏锐性,安抚学生的同时要表达相信学生能获得成功的信心。教师知道如何保持课堂的动力：当课堂变得拖拉时转换其他的活动,当班级接受的信息达到饱和状态时立刻结束课堂教学,当学生表现出惰性时给他们施加一点压力。教师知道每一天选哪一位学生出来负责。教师知道在匆忙中如何调整课堂教学的难点,使教学内容既有挑战性又不至于太难,让学生摸不着头脑。当你把这些用于组织阅读教学的技能罗列下来时,你就明白为什么教师对学生有这么大的影响。

当你参观孩子的课堂时,你可能并没有明显地感受到教师的教学技能有多么的娴熟。再看一下上一段文字,你就会注意到教师时时刻刻都在作出决策。他们要为全班学生读书(或为个别学生读书),与此同时还要有行动。研究者估计,教师每一天在学校里要作出1 000多个决策。作决策的时刻瞬间就会消失,只有那些经验十分丰富的人才能观察到。因此,当你参观孩子的班级时,你的观察点是什么呢？

卓越课堂的特征

在高效的课堂中,阅读首先占据了显著的地位,我是指显著的位置。教室里要有一个图书馆,最好有丰富的藏书。墙上有可供学生学习的阅读材料,它们不仅是五颜六色的海报和鼓舞人心的标语,还有孩子可以反复使用的工具。例如,我曾在一个教室里看到一个大大的卡通人,它主要是帮助初学者写出完整的句子：卡通人的头代表一个大写字母,卡通人的脚代表一个标点符号,卡通人身体的其他部位分别代表一些名词和动词。图7.3展示了另一种有效的张贴画。

图 7.3 一个"单词墓地"。每一个纸做的"墓碑"都代表一个学生认定为太枯燥而不能用在他们写作中的单词。如果他们想用这个词,就得找一个该词的同义词。

来源:ⓒ丹尼尔·威林厄姆。

其次,有研究表明教师表现出对阅读的热情,并向学生说明阅读的好处是大有益处的。每当看到我孩子的老师在讨论书籍时眼睛放光,我就激动不已。卓有成效的阅读教师会提到日常生活中发生的事情,这表明他们在作消遣式阅读(如评论报纸上的新闻),或描述影响他们的书籍。

卓越的阅读教师经常为孩子提供让他们把自己看作是成功读者的机会。这一点很难把握,你不想看到没完没了的表扬,尤其是对孩子阅读表现的表扬。如果你表扬孩子的阅读表现(如读得多么快,多么准确),那么,孩子就会专注于阅读。表扬孩子的阅读表现会让孩子产生避免失败的倾向。我们要让孩子认识到失败是一个常态,引导孩子把失败看作是学习的机会。

我们应该让孩子专注于学习本身,而不是学习表现。有研究表明,当教师表扬孩子付出的努力,表扬孩子作出使学习成效最大化的选择时(如选择一本有挑战性的书),孩子的动机会变得更强一些。当孩子感到沮丧的时候,要提醒他们只不过是遇到了阻碍而已,并告诉他们去克服这些障碍。以下这个包罗万象的原则同样适用于父母和教师:高期望,对孩子充满信心以及承诺帮助他们。提升阅读动机的课堂为孩子提供了选择的机会,选择的目的是让孩子拥有更大的自主权,从而使其更加致力于阅读活动。教师要让孩子决定在哪里读书、读什么书(从教师的角度出发,教室里的图书馆能帮上大忙),以及如何对文本作出反应(写一份读书报告,与教师讨论等)。当然,学生可能会作出错误的选择(如学生选择了内容不合适的书),教师要随时把控。

在家里可以做什么

人们很容易忘记小学低年级学生在家里的阅读动机,因为孩子从这个时候开始要参加许多新的活动,如学钢琴,参加有组织的体育活动等。学校逐渐变得越来越学术化,需要孩子更加专注于功课的学习。因此,阅读可能会从孩子的生活中被挤出去,尤其是当孩子已经在学校学习阅读,家长产生了"该读书的时候孩子自然就会读"的想法时更是如此。其实父母在家里可以做许多事情来帮助孩子提高他们的阅读能力。

继续保持

继续做你一直在做的事情。看到父母和兄弟姐妹读书,以及家里有许多藏书,仍然会对孩子的阅读动机产生重要的影响。如果你刚拿起《让孩子爱上阅读》这本书,发现还没有为自己6岁的孩子做任何我在前面六章里提到的事情(如大声朗读,提问)并因此而感到忧心忡忡的话,我要对你说:不要着急,从现在开始为时不晚。有证据显示,孩子在小学低年级时开始学习阅读也是一个不错的主意。

父母如何帮助孩子形成自我概念

我曾提到这个年龄段的孩子开始将自己与他人进行比较,而比较是决定自我形象的重要因素。然而,自我形象不是固定不变的。当孩子进行新的比较时,要么因为他们自身的行为发生了变化，要么因为同伴的行为发生了变化，要么他们找到了新的作为比较的对象，他们的自我形象也会随之发生改变。因此，如果你发现孩子有消极负面的阅读自我形象，不要放弃。

同样重要的一点是，孩子如何看待体验比体验本身更重要。父母可以指导孩子如何对体验进行诠释。例如，有一个二年级的孩子告诉他的父亲："我不擅长阅读。"作为父母的直觉是要让孩子感觉好受一些，想要保护他的阅读自尊心，因此，他们认为解决问题的捷径便是予以否定："你的老师说你是一个糟糕的读者了吗？没有吧？瞧，你做得很好嘛！"如果孩子真的做得不错，那么否定（有证据）就有意义，反之，否定对一个8岁的孩子来说不起任何作用。相反，父亲应该作出如下解释："是的，阅读的确很难。我认为你花了太多的时间帮助妈妈和我照看小弟弟，我敢打赌，你班上的同学一定有更多练习阅读的机会，我们也应该让你多练习阅读。"当孩子草率地下结论："我不是一个好读者"时，父亲要给他不同的解释，建议他用另一种方式来看待这个问题（图7.4）。

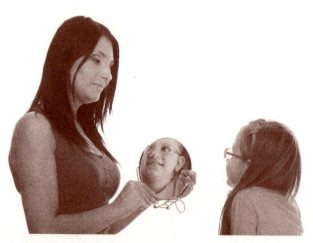

图7.4 构建自我形象。如果你想让孩子形成阅读自我形象，只代替她得出结论，告诉孩子她是什么样的还不够。孩子是通过解释自身体验形成自我形象的，你要帮助她这样做。

来源：ⓒ来自 voyagerix-fotolia 网站。

父母还可以做更多的事情,不仅对孩子的体验作出解释,还可以建议孩子应该把哪一些体验放进他们的自我叙述中。孩子可能说"我不是一个好读者",因为她把自己与她的好朋友进行比较,而她的好朋友恰好是班上最棒的读者。也许孩子认为阅读只是解码,这时就要提醒她,她一直很喜欢书籍,一旦学习解码这个枯燥乏味的学习任务结束后,她会再一次地爱上读书。在孩子3岁左右的时候,父母通常是孩子了解自己是什么样子的唯一信息源,因为我们谁也记不住小时候发生的事情。如果孩子第二天给洋娃娃讲前一天晚上在睡觉前听到的故事,要不是父母提醒她,她根本不知道自己已经变成了一名读者了呢!

你对孩子阅读所表现出来的态度

很明显你对孩子阅读能力的看法很重要,你要向孩子传递这样一个信息,即你相信她是一名很棒的读者,即使目前她还不是。你如何看待阅读目的也很重要,这个问题值得我们一起讨论。

人们很自然地把孩子的阅读看作是一种技能,因为阅读的确有许多这样的特性。阅读可以使你获得一些技能,这些技能随着练习不断得到增强。的确如此,但是这种阅读观缺失了一个重要的特征,即学习如何阅读可以为我们带来乐趣,带来快乐。我教给孩子的许多技能都不具备这个特征。例如,我教给孩子正确清洗浴室的方法,我确实什么也没做来打消清洗浴室就是一份劳动的念头。认真干活是值得的,它会给我们带来满足感,但是我们不要自欺欺人了:清洗浴室就是劳动(图7.5)。

图7.5 功利主义的阅读观。也许极度提倡功利主义阅读观的莫过于苏格兰哲学家詹姆斯·米尔,他一心想把儿子约翰·斯图亚特·米尔培养成一名天才。约翰3岁时开始学习希腊文,8岁时学习拉丁文。这些努力使约翰在某些方面获得了成功,约翰成为19世纪伟大的哲学家。但是他后来写到,父亲强加给他的高强度学习严重地影响了他的心理健康。

来源:ⓒ来自维基共享资源。

这种态度不是我们想讨论的阅读态度。阅读不是什么你学了之后就能变得更加成熟,或在学校获得成功,或某一天能找到工作的技能。阅读更像是一种娱乐。在很少的一些情况下,阅读的确像劳动(比如孩子在学习解码时),但它的成果会给我们带来快乐。有研究表明,当父母没有把阅读当作一项重要的学校技能,而认为阅读可以为人们带来快乐时,父母的态度不仅与孩子具有更高的阅读动机水平相关,而且还与孩子取得更好的阅读成绩相关。

显然,这种态度可以明确地体现在你如何谈论阅读上。当孩子遇到困难而灰心丧气时,你可能会说:"是啊,我知道很难,每个人都觉得难。但你必须要学会阅读,到了后面它就会变得容易一些。"或者你可以说:"你必须着手开始学习阅读,因为从现在起你在学校所有的学习都将依赖阅读。"但你也可以说:"想想你马上就能自己读《美食从天而降》了,多酷啊!"或者你可以说:"下一次我们去看奶奶时该有多棒啊!因为你可以为她读《波普先生的企鹅》了!"

你还可以通过让孩子做一些事情向他们传达阅读的本质。例如,你说:"你至少要读完一章之后,才能玩我的苹果平板电脑。"把某一件孩子想做的事情与阅读联系在一起,明确阅读是一项劳动。这与设定孩子最小阅读量是一个道理。你不会说:"先生,我想看你在那个秋千上至少荡 20 分钟,要正儿八经地玩哦!"同样,人们不会因为做了一件令人愉悦的事情而期待得到奖励。("你吃了一个士力架夹心巧克力,真棒!我要奖励你一美元。")我们通常在做了不得不做的事情之后才会期待奖励(学校对阅读的奖励制度可以在孩子稍大一点之后再实施,我在第十章将讨论这个问题)。

通过识字进行练习

我确信你不会强迫或奖励孩子进行阅读活动,但是如果孩子不想读书怎么办?在第四章,我建议过父母改变家庭环境,使阅读变成一项最具吸引力的活动,你现在仍然可以这么做。但一旦孩子掌握了一些解码技能,你可以选择做一些其他的活动,因为阅读和写作技能是可以通过练习获得的。尽量找一些孩子想读、想写的情境,因为那样的情境有助于孩子实现自己的目标。以下是一些很好的例子:

1. 给孩子在午餐盒里、床上、游戏房，或其他的地方留下便条。
2. 如果孩子让你帮她传递一个信息，你让自己写一个便条(图7.6)。
3. 让孩子帮助你完成一个阅读任务。如果孩子有不清楚的地方，你可以自己完成该任务（因为你明显地是在考她）。例如在汽车里，你可以对孩子说："这里限速是多少公里？"或者"我在找帕特里克街。你帮我找找，好吗？"
4. 让孩子取邮件，并让她按照收件人的顺序将邮件整理好。
5. 让她看意大利面（或其他食物）盒子上的烹饪指南，在你烹饪食物时，让她帮忙把烹饪的每一个步骤读给你听。
6. 跟孩子一起谋划，让其给兄弟姐妹或父母写一个便条。
7. 让孩子养成写"谢谢你"便条的习惯，在得到了一个礼物后，或在朋友带她出去或参加活动。开始时是你写答谢便条，让她签上自己的名字，但当她获得一定的技能后，就可以让她自己写便条了。
8. 在孩子得到一本新书后，让她养成把自己的名字写在扉页上的习惯。
9. 通过购买有吸引力的杂志、书写工具和一个收藏这些物品的收纳箱等来鼓励孩子进行写作活动。或许可以让孩子尝试用尖头的标记笔，向孩子展示用不同的宽度划线，像写书法一样。

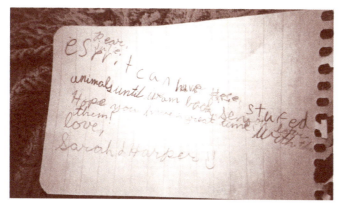

图7.6 写作练习的价值。我女儿8岁时请我给她妹妹的看护者（稍晚一点才来）留言，我说："对不起，我太忙了，你可以自己给她写一张便条吗？"这是她写的便条：亲爱的朱莉，我们回来之前埃斯普瑞可以玩这些毛绒动物玩具。再见！希望你们玩得愉快！爱你的莎拉和哈珀！

来源：©丹尼尔·威林厄姆。

10. 用粉笔写字(或在雪地中写字)是一种新的书写方法,可以用粉笔给兄弟姐妹或父母留言。
11. 鼓励孩子自己写生日贺卡和圣诞贺卡。
12. 建议孩子玩寻宝游戏,写一些寻宝线索以便兄弟姐妹或父母找到生日礼物。
13. 在冰箱门上贴一个便条簿,可以用来写购物单。当孩子想要买某种食品时,让孩子自己把该食品的名称写在购物清单上。
14. 不要买一般的绘图本,要买那种既有美术活动又有写作活动的绘图本。找那些适合某个年级学生使用的暑期练习册,但要仔细察看、慎重挑选,因为绘图本的质量参差不齐。有些绘图本有我提到的附带性阅读活动,而有的绘图本只是连篇累牍的练习。
15. 在忙碌的周末早上,让孩子写下她一天将要做的事情,同时,你也要把你自己的计划写下来。
16. 总的来说,尝试各种有目的性的阅读和写作活动。差不多有 6 个月时间,我的小女儿认为这是她打扫房间的极有趣的方法:我妻子和我在小纸条上写下简单的指令(如"把玩具收拾好"),她读了之后,立即跑去收拾玩具,然后再回来看另一张小纸条。你不知道什么方法会对你的孩子奏效!如果某种活动遇到阻力,就放弃好了。记住:做这些事纯属好玩,不是单调枯燥的劳动。

············

学习解码带来的变化使小学低年级学生快乐无比,这种快乐难以言表。但是,更大的变化还在后面呢!

简要总结

在学校
- 师生之间建立起良好的情感纽带。
- 教师向学生展示自己的阅读热情。
- 想办法让学生感知到自己是一名成功的读者。
- 让阅读在教室里占据突出位置。

在家里
- 在孩子增强阅读能力的过程中,做一个乐观的支持者。
- 为孩子寻找发挥阅读或写作实用功能的机会。
- 继续保持一种态度:阅读不是一项技能,而是通往快乐的大门。

注释

"小孩子(如4、5岁的孩子)通常认为自己无所不能":哈特(1999)。

"他们通过比较获得这种认知":鲁布尔,弗雷(1991)。

"教孩子解码的教学方式,无论是语音教学法还是全字教学法,对孩子的阅读态度都没有什么影响":麦肯纳,基尔,埃尔斯沃思(1995)。

"对于那些学习阅读时困难重重的孩子来说,这个过程发生得更快一些":瓦尔贝格,蔡(1985)。

"把他们放在'慢速'阅读小组":沃尔布朗,布朗,恩金(1978)。

"优秀儿童文学的阅读项目和大声朗读一样,能培养孩子积极的阅读态度":博顿利,特拉斯科特,马瑞那科,汉克,梅尔尼克(1999);莫洛(1983,1992)。

"上个世纪60年代的研究表明,学生的参与度主要受教师行动、而不是阅读项目的驱使。":乔尔(1967)。

"教师每一天在学校里要做出1 000个决策":杰克逊(1968)。

"阅读被放在最重要的位置上":格思里,考克斯(2001)。

"教师表现出对阅读的热情对学生大有益处":詹尼纽克,沙纳汉(1998)。

"你不想看到没完没了的表扬,尤其是对孩子阅读表现的表扬":穆勒,德维克(1998)。

"看到父母和兄弟姐妹读书以及家里有许多藏书":贝克,谢尔,麦克勒(1997);布拉顿,赖,安德烈森,欧劳森(1999)。

"当孩子从小学早期时开始仍然是一个好主意":威利,尼格利,万德勒,库兹泽曼(2012)。

"孩子对自己的看法有所改变":格鲁弗旺特(1987)。

"父母的态度不仅与孩子具有更高的阅读动机水平相关":贝克,谢尔(2002)。

"当父母没有把阅读当作一项重要的学校技能,而认为阅读可以为人们带来快乐时,父母的态度不仅与孩子具有更高的阅读动机水平相关,还与孩子取得更好的阅读成绩相关":贝克(2003)。

第三部分

三年级及以上

第八章

阅读的流畅性

孩子现在已经进入三年级了,假设所有的活动都或多或少地按计划进行了,难道这个年龄段的孩子还不知道如何解码吗?当然知道,但事实上解码有两个过程。第一个过程主要发生在幼儿园阶段,很容易被观察到。第二个过程是在暗地里缓慢地形成的,该过程一直到高中阶段还处在细微的调整变化之中。其中,第二个过程支持阅读的流畅性,它和第一个过程一样重要,可以使孩子快速、毫不费力地阅读。在这一章,我们将讨论如何全面培养和发展孩子阅读的流畅性。

解码的第二种类型:通过拼写进行阅读

到目前为止,我将解码描述为读者把字母转换为语音的过程。我曾说过初始读者还不会通过单词的外观即拼写来识别单词,由此看来,拼写有一定的重要性。如果阅读仅仅只依赖语音,那我们如何区分同音异义词"knight(骑士)"和"night(黑夜)"呢?你可能会辩解说,你是利用语音来读单词,然后再利用语句的意义来分辨是"knight"还是"night"。当读到桑德伯格的诗句"从车厢的窗户看出去的黑夜是一大团漆黑柔软的东西"(Night from a railroad car window is a great, dark, soft thing)时,你知道诗人是在谈论黑夜,因为从火车车厢的窗口往外看,是看不到骑马执勤的士兵的。但如果我用上下文消除歧义,如"我最喜欢的披头士唱片是艰难日子中的骑士"(My foworite Beatles album is *A Hard Day's Knight*)或当人们提到大力士表演"脚的力量"(feets of strength)时,那么这两个例子中的意义就不是那么好判断了。拼写似乎的确对阅读有一定的影响。

人们发现有经验的读者采用两种方式确定词义。我已经描述过第一种方式：用一些规则把字母翻译成语音，然后把这个单词读出来。单词的语音与意义相互关联。第二种方式是利用单词的拼写：直接把字母与所知的单词拼写知识联系起来，拼写知识与意义也相互关联（图8.1）。

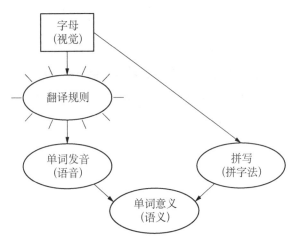

图8.1 阅读的两种路径。有两种方式可以让你理解书本上单词的意义。这个完整的图解还包括其他的连接点，如预期某一个特殊的意义影响你所听到的内容，但我们还是让事情变得简单一点吧。

来源：©丹尼尔·威林厄姆。

流畅性和注意力

用于阅读的拼写知识有点像你辨认某个你不需要有意识地想是什么东西的能力，你不会对自己说："嗯，让我们看一看……有一只爪子，这里像动物的口鼻部，那可能是一条尾巴……这个形状像一条狗。"你看到的就是一条狗。像识别物体一样，你能够识别单词的组成部分，即使你很少看到单独的一只狗爪子，但是你还是知道那是一只狗爪子。同样，大脑中的拼写表征可以让你识别常见的字母串，尽管它们是单词的一部分。这就是为什么"fage"比"fajy"更像单词的原因，字母"j"后面很少跟字母"y",但是"ge"却是常见的字母组合。

利用拼写进行阅读不仅可以让你区分同音异义词"knight"和"night",而且还有更多的优势:它比翻译规则来得更快、更容易。翻译规则要求读者投入大量的注意力(图 8.1 中用辐射线条表示)。就像一个新手开车一样,他必须有意识地思考把方向盘打到什么程度才能变道,他的车与前面的车距要保持多少等,初始读者的注意力都用在读出单词的步骤了:"让我们看看,'o'通常读作 aw,但是两个'oo'的读音就不一样了……读什么音呢?"于是,这让新读者很难专注于理解所读内容的意义。

在积累了一定经验之后,司机的那些想法都消失了。驾驶变得自动化了,司机可以保持正常的速度在自己的车道里行驶,根本用不着去思考应该如何驾驶。司机可以将注意力用来做其他的事情:如做白日梦或乘客说话。同样,进行阅读练习可以减少(只是减少,但不会消除)翻译规则对注意力的需求。当你遇到一个不熟悉的单词并把它读出来时,你只需要投入少量的注意力。像"fey"这个短词,人们几乎注意不到投入了注意力,但是较长的单词,如"triskaidekaphobia"的确会加重翻译过程的负担,使阅读速度慢下来。

相反,运用单词拼写进行阅读需要很少的注意力。你看见单词,就像你看见并识别一条狗一样简单。当孩子获得阅读经验后,他会通过拼写知识认识大量的单词,他的阅读速度会更快、阅读过程更流畅、阅读理解更准确,这就叫做阅读的流畅性。

流畅性和韵律

不难看出流畅性有助于阅读理解。由于语音翻译对注意力要求不高,因此读者可以更多地关注意义。流畅性还以一种微妙的方式影响阅读理解,即通过语音影响阅读理解。让我们看看这一切是如何发生的。

我在第二章讨论"儿向语"时提到韵律,你应该想起来,韵律就是说话的旋律。我们在说话时,不是用单调的语调,而是赋予了每一个单词不同的音调、速度和强调重音。旋律具有一定的意义。我可以热情洋溢地说"多么盛大的聚会啊!",也可以充满讥讽地说"多么盛大的聚会啊!"尽管两个句子中的单词相同,但是韵律是不一样的。韵律不仅可以帮助你区分说话人说这句话时是热情洋溢还是充满讥讽,韵律还有助于你应付阅读理解中最根本但缺乏魅力、单调乏味的部分,即为单词分配语法角色(图8.2)。

图8.2 韵律和意义。这个语法笑话出现在Facebook上。在学校我们学会了一点,即根据语法把逗号放在它应该放的地方,但是我们大多数人在阅读时并没有这样做。逗号的确具有听觉意义,它表示它的前面有一个重音,它的后面有一个停顿。于是,第一句话听起来是:我们吃饭吧,奶奶!而我们把第二句话听成:让我们把奶奶吃了吧!

来源:©丹尼尔·威林厄姆。

即使在默读中,人们仍然在用韵律信息帮助你理解。诗人比利·柯林斯曾生动地说过:"我认为你在默读的时候,实际上你的大脑听到了这首诗歌,因为我们的颅腔就像一个小礼堂一样。"如果你能流畅地进行阅读,不用太费力就能理解某一个单词,这意味着你将有更多的注意力去关注韵律。的确,有研究表明培养韵律感而不是提高阅读速度,才是真正提升阅读流畅性的关键所在(图8.3)。

图8.3 沉默的读者。刻画在米兰朱利康素蒂宫的圣·安波罗修是四世纪米兰的大主教。圣·奥古斯丁曾极好地将安波罗修默读的样子记录下来:"在他读书的时候,他的眼睛扫视页面,他的大脑在搜寻意义,但他的声音是沉默的,他的舌头是静止的。"有些学者把这段话作为那个年代人们进行大声朗读的依据。这个假设也印证了这样一个事实,即那个年代人们只是偶尔用到标点符号;朗读可以帮助读者听到韵律。

来源:乔瓦尼·多尔-奥托摄影,来自维基共享资源。

流畅性有助于读者更好地理解文本。流畅性之所以有助于阅读主要是通过拼写得以实现，那么，如何学会通过拼写进行阅读呢？

通过拼写学习阅读

我要开始澄清一些听起来似乎有点相互矛盾的观点。在第五章，我曾写道："鼓励孩子通过记忆单词拼写的阅读教学没有什么成效。你要教给孩子一些语音—翻译规则。"我现在又总结："通过拼写进行阅读是良好阅读的根本。"其实这些想法之间并不相互矛盾。通过记忆单词拼写学习阅读似乎有些不切实际，但一旦孩子知道了如何阅读，他们就会自学如何通过拼写进行阅读。

假设我要训练孩子通过拼写识别单词，我让她看"dog（狗）"这个单词，告诉她"这个单词是 dog"，然后让她看"log（原木）"这个单词，告诉她"这个单词是 log"。知道如何解码的孩子用不着我告诉她每一个单词长什么样，她自己已经意识到这是一个什么单词了。当她用语音机制解码某一个单词时，她已经识别了这个单词，同时也注意到单词中字母的组合模式。如此重复多次之后，单词的拼写和单词的书写形式就联系起来了。

这就是所谓的自我教学假设。我们教孩子把单词读出来，但是大多数孩子会在几年的练习中自学（他们自己并没有意识到）单词的书写形式。人们很难精确地估计孩子需要多长时间才能成为一个流利的读者。首先，流畅性是分级别的。实际情形并不是这样的：你要么是一名流利的读者，要么不是。阅读是逐渐变得流畅起来的，因此，确定一个达到流畅目标的时间点是武断、任意的做法。尽管如此，流畅性的第一个阶段很明显，孩子在这个阶段似乎经历一个转折点，他不再费劲地读出每一个单词，而是在进行阅读了，这种情况大概出现在练习解码 6—9 个月之后。还有一个因素是人们很难预测到流畅性什么时候发生。其实时间的长短不是关键性的因素，重要的是孩子在那一段时间里做了什么。流畅性来得或早或迟取决于孩子的阅读量，他越频繁地接触某一个单词，那么他就越了解该单词的书写形式。

学校里发生了什么

进行阅读是培养流畅性的主要途径。在低年级,有反馈的大声朗读优于默读形式。但随着孩子年龄的增长,大声朗读变得越来越不实用,因为孩子的阅读能力逐渐在发生分化。幸运的是,大声朗读还不是太重要(与学习解码相比),因为解码能力强的孩子大多能为自己提供准确的反馈。

要是能帮助孩子早一点获得流畅性就好了,尤其当我们知道全国性测试表明只有一半的孩子达到四年级所要求的流畅性程度。那么,有没有什么方法加快这个过程呢?

图 8.4 拼写很重要。拼写教学似乎能增强流畅性,但是拼写很重要还另有原因,例如,文身机器是不带有拼写检查功能的。

来源:ⓒ Fotolia 网站。

这里有三种方法可以让孩子尽快提高阅读的流畅性。第一种方法是显性拼写教学似乎可以提高流畅性。尽管用于阅读的拼写知识与用于思考如何拼写一个单词的知识不一样,但是两者之间有重叠的部分。这就是为什么学校要坚持开展拼写教学的原因,尽管我们都会使用带有拼写检查功能的文字处理软件(图 8.4)。

第二种方法是教师示范带有韵律性的朗读。如果用正确的旋律进行朗读是可以通过流畅性帮助阅读理解的途径,那么,学生就应该知道他们的目标是什么。请注意,这也是父母为孩子大声朗读带来的好处,即使孩子长大了仍然会受益。偶尔让孩子听一些负面的朗读例子也会对他们有所帮助,如教师用机械呆板的声音尽可能快速地朗读。

第三种方法是通过重复朗读来培养孩子的阅读流畅性。如果孩子多次重复朗读同一篇课文,那么他就可以流利地朗读该课文。当成人示范韵律性朗读时,孩子能更好地了解什么是流畅、有韵律性的朗读,他就会知道自己应该怎么做。

然而,目前还没有强有力的研究证据支持以上三种方法。研究发现,这三种方法有时候起作用,有时候不起作用。也许是研究者在测试这三种方法的干预作用时,干预的时间不够长,也可能是孩子还有其他的阅读任务,因此没有在流畅性练习中受益。但是,与对阅读其他过程进行的研究相比,研究者在设计校内流畅性训练方面还不是很成功。

在家里可以做什么

即使人们给流畅性开出的处方——进行大量的阅读再明显不过,但如何让大孩子进行大量阅读却是一个难题。让我们看一看父母能做些什么,可以让不情愿的大孩子读书。

有什么问题吗

在考虑如何帮助孩子培养阅读流畅性之前,你要知道应该怎样做。学校在低年级阶段密切监督孩子的阅读情况,但一旦孩子学会了解码,监督就有可能减弱。你可能也认为学习阅读的过程差不多已经结束,你的孩子已经做好了阅读的准备。那么现在,随着孩子年龄的增长,如果他能完成教师布置的阅读任务,教师对他的表现也比较满意,你可能不会去质疑孩子是否是一名流利的读者。

你可以通过让孩子大声朗读来感受孩子的阅读流畅性。流畅性朗读富有表现力,不流畅的朗读没有表现力、听起来单调呆板。流利读者的停顿比较自然、如同在与人对话一般。不流利读者的停顿总是迟疑不决的,你能听出来他在某一个单词上卡壳了,正在努力弄明白该单词的意义。流利读者在阅读时很少有找不到地方的情况,即使在默读的时候,他的嘴巴也很少动。而以上两种情况,不流利的读者都兼而有之。

孩子阅读不流畅并不意味着他就是诵读困难者。他可能需要比其他孩子更多的练习才能获得流畅性，只是目前他还没有达到流畅程度。虽然知道阅读需要付出努力，但是他还没有从阅读中获得多少快乐，因此，他就会回避阅读。这意味着孩子需要父母推一把，他们才会练习阅读。

不流利的读者需要什么

我认识的一些父母积极进取，要求孩子进行阅读练习。我在第五章中讨论的方法同样适用于你：每天充满热情地与孩子一起读5—10分钟的书，为孩子提供适合他们年龄段的帮助，同时还要有一定的毅力确保读书活动坚持下来。有些父母用一个比较聪明的方法来保证孩子的阅读练习，如允许孩子每天看30分钟的电视，在其他时间看电视时必须静音，不能听声音，只能看字幕。

如果你采取这种直接的方法，就要考虑好如何告诉孩子进行阅读练习的必要性。没有多少孩子能够较好地对有关阅读价值观的逻辑性辩论做出回应，你告诉他们的东西，他们都知道。事实上，他们很清楚成为一个读者与自身的智力密切相关，许多孩子把阅读停滞不前看作是自己不够聪明的证据（事实上，考试合格、但阅读能力不强的孩子可能也有很好的记忆力和推理能力）。

阅读练习的关键不是要更正孩子的缺点，而是要丰富他们的生活。我对阅读的看法跟对食物的看法大致相同。为什么我不让孩子只吃芝士通心粉和胡萝卜条？即使她认为自己吃这种有节制的饮食也很开心，但我认为吃更多的食物可以给人们带来超越一切的快乐，我当然想让我的孩子获得这种快乐。同样，我想让她通过阅读走近历史上最杰出的人物。对于那些长期对阅读持漠然态度的孩子是看不到这一点的，但是如果你向她说明你的动机，她至少理解你不是在批评她。让她理解你的目标不是让她成为一名优秀的读者，而是希望她可以享受阅读的快乐。

间接路径

我知道有些父母会因为让孩子练习阅读而感到不自在，孩子练习阅读的效果如何，取决于你与孩子的关系以及与孩子的交往情况。你可以尝试使用间接的方法,如一些对孩子要求较少、孩子很难说"不"的阅读活动。这些方法不一定适用于所有的家庭,但总有一两种活动适合你的孩子。

你可尝试开展每周一次的家庭阅读活动,把它定为一家人每个星期在一起度过的远离屏幕的时间。在家庭阅读活动中,每个人安安静静的、独自看自己手上的书。如果孩子不配合(或许只挑选一些婴儿图书或商品目录),不要去管她。她挑选童年早期读过的书,是因为她对这些书仍然记忆犹新,也因为这些书读起来很容易。出于这个原因,不要立即丢掉那些孩子因为年龄增长而不再需要的图书。

还有一个想法是,从全家人在一起听大家都感兴趣的电子书,发展到某一个家庭成员为其他家庭成员大声朗读。很显然这个活动的目的不是练习阅读,它背后的动机是:阅读是快乐的,与家人在一起的时光也是快乐的,而家庭阅读活动正好起到了一石二鸟的作用。虽然时间总是一个问题,但即使最初开展活动时,每周只用15分钟也比不开展活动强,说不定一本有趣的书会延长读书活动的时间呢!更不用说从你能想到的引人入胜的书开始家庭阅读活动(图8.5)。我将在第十章进一步谈论这个话题。

你也应该经常去图书馆,即使你以前没有养成这个习惯。如果孩子不愿意去,告诉他你要去,告诉他出行的时候把他带到他应该去的地方对你来说是最方便的。

图8.5 查尔斯·狄更斯在为女儿读书。如果你想让家庭成员进行大声朗读,不要让该过程显得过于正式。

来源:维基共享资源。

的确如此,这样的阅读场景不太自然。你应该寻找让孩子自然而然地进行阅读的时机。如果家里有一个小弟弟或小妹妹需要有人为他们读书,那么大一点的孩子可以胜任这个工作(他也可以为来访朋友的孩子读书)。这种阅读既是孩子重温童年最喜爱图书的好机会，也会唤醒他过去更加愉快的阅读记忆。

当我的孩子想要得到什么东西的时候，我发现这是我让孩子阅读的好机会。当我女儿想要一个鱼缸养鱼时，我妻子和我对她说："只要你自己能打理这一切，你就可以得到一个鱼缸，但首先你要了解这方面的信息。"于是，我女儿找到一本书，开始阅读有关水族馆方面的信息。这个方法还可以适用于其他的东西：如孩子想得到的树屋，空手道绿带或驾驶执照等。

这个不言自明交易背后隐藏的动机是，"如果我的孩子在读书，我会尽可能地不去打扰他"。这听起来很自然，但如果这个原则延伸到家里的确需要孩子帮忙的时候，就会变成一个非常实用的动机。当然，你用不着让这个交易明朗化。因为，孩子很可能会因此拒绝读书，你也可能对孩子读什么书而"吹毛求疵"，或发明出一些家务活来说服孩子读书。如果不向孩子说明这背后的动机，那么，孩子很可能过一段时间才会明白这是怎么一回事，这也会为你遵循这个原则带来更好的选择。

对于有些学生来说，让他们提高阅读的强有力的外在动机会不期而至。我曾经遇到一位酷爱棒球运动的高中生，他在高中第二年进入校队，但不是主力队员，于是他认为不能靠当棒球运动员来谋生。于是，他开始思考以后当教练或在小联盟球队的董事会工作等问题。他做了一些这方面的调研，调研得知他必须获得体育管理的学位才能找到这样的工作。一夜之间他开始对学习产生了非常浓厚的兴趣，因为只有这样他才能考上大学。他意识到自己在阅读教材时存在着一些困难，因此他便开始在提高阅读能力方面做一些努力。

数字差异

如果你的孩子不是一个稳定的读者，你也许认为，过多接触数字媒体在某种程度上使他的阅读情况变得太糟糕。然而，目前还没有证据显示屏幕阅读与纸质阅读之间存在着本质上的差异。

有研究的确表明电子图书对阅读理解产生一定的影响，但影响并不大。例如，相对于在电脑屏幕上上下移动阅读资料，翻阅纸质书页更有助于理解。可点击的链接（超链接）也会让你付出一定的代价，即使你不点击它们。因为你看到它们是可以点击的链接，你仍然要做出是否点击它们的决定，毫无疑问这也会分散你的注意力,进而影响理解。但是大多数影响都较小,因此,如果你问孩子是否更享受网上阅读(或受挫于网上阅读),我想答案多半是否定的。

当然以上结论有一个限制条件。如果你的孩子所在的学校考虑要从纸质课本过渡到电子课本,我认为还是要谨慎为之。虽然出版商一直在努力改进电子课本,但对目前的电子产品进行研究得出的结果都是负面的。电子课本的阅读理解和纸质课本的阅读理解差不多,但是用电子课本阅读理解的效率更低一些。通常阅读电子课本要花更多的时间,需要付出更多的努力。大多数使用过电子课本的学生都说他们更喜欢读纸质书。问题可能不在于电子书的解码更难一些,而是休闲阅读与学校的阅读任务不一样。学校的阅读材料的结构不一样,更加复杂一些,学生在阅读之后还要学习和记忆阅读的内容,而不仅仅是欣赏阅读的内容。

阅读的复杂性与让学生更加专注于课本所形成的阅读挑战始于小学高年级。在下一章,我们将讨论阅读的复杂性。

简要总结

在学校
- 练习阅读,培养孩子的阅读流畅性。
- 虽然重复阅读和教师示范韵律性阅读等策略对孩子的阅读有所帮助,但并没有强有力的研究结果支持这些策略。

在家里
- 鼓励结结巴巴的读者(非诵读困难者)进行阅读练习。
- 如果直接的阅读练习不起作用,那么想办法让阅读合理地融入孩子的生活。

注释

"韵律还有助于你应付阅读理解中最根本但缺乏魅力、单调乏味的部分":卡尔森(2009)。

"颅腔就像一个小礼堂一样":雷姆(2013)。

"培养韵律感而不是提高阅读速度,才是真正提升阅读流畅性的关键所在":费嫩达尔,葛洛恩,费尔赫芬(2014)。

"自我教学假设":赛尔(1995)。

"基于几年的练习":格兰杰,雷特,伯特兰,迪福,齐格勒(2012)。

"越频繁接触一个单词,你对单词的知识就越丰富":阿尔切里,辛普森(2012);凯斯勒(2009)。

"发展流畅性的主要机制是阅读":柯林斯,利维(2008),埃利(2008)。

"全国统一考试结果表明只有一半四年级的孩子获得阅读流畅性":达恩,坎贝尔,格里格,古德曼,奥兰耶(2005)。

"显性拼写教学似乎可以提高流畅性":沙纳汉,洛马克斯(1986)。

"第二种方法是教师示范带有韵律性的朗读":此类例子可参见都豪厄(1989)。

"第三种方法是通过重复朗读来培养孩子的阅读流畅性":塞缪尔斯(1979)。

"目前还没有强有力的研究证据支持以上三种方法":布莱斯尼兹,赛尔(1992);弗莱舍,詹金斯,帕尼(1979);谭,尼科尔森(1997)。

"相对于在电脑屏上上下移动阅读材料,翻阅纸质书页更有助于理解":桑切斯,威利(2009)。

"可点击的链接会让你付出一定的代价":德斯特凡诺,勒菲夫尔(2007)。

"电子课本的阅读理解和纸质课本的阅读理解差不多,但是电子课本阅读理解的效率低一些":康奈尔,贝利斯,法默(2012);丹尼尔,伍迪(2013);洛金森-斯扎普基,库达夫,卡特,本尼特(2013)舒加,舒加,佩妮(2011)。

"通常阅读电子课本要花更多的时间,需要付出更多的努力":阿克曼,戈尔德史密斯(2011);阿克曼,劳特曼(2012);康奈尔和其他人(2012);丹尼尔,伍迪(2013)。

"休闲阅读与学校的阅读任务不一样":参见丹尼尔·威林厄姆(2012)。

第九章

阅读更加复杂的文本

有句老生常谈是这样的:"孩子首先学习阅读,然后在阅读中学习。"三年级的孩子学会了解码,因此应该可以"在阅读中学习"了。然而这个口号有点靠不住,因为它弱化了人们对阅读理解日益增长的期望。

学校里发生了什么

"在阅读中学习"让理解听起来直截了当,但是"在阅读中进行学习"阶段的阅读理解主要依赖三个因素:

> 1. 读者必须知道文本中大多数单词的定义。
> 2. 读者必须能为语句分配语法角色。在语句较长、句法复杂的情况下,分配语法角色是一件非常困难的事情。
> 3. 作者不可避免地会省略一些连接语句的信息,因此,读者必须具备相关的背景知识来填补这些空缺。

请注意这三个与文本、读者相关的特征。作者为了使文本更容易理解,假设读者不具备相关的背景的知识,用一些简单明了的词汇和句法。如果作者不这样做,读者也不至于手足无措。读者可以去查不认识的单词,可以耗费更多的脑力去理解较难的句法,还可以去寻找一些必要的知识有助于他做出恰当的推论(尽管这个更难)。在读者做这些额外的工作之前,他首先得承认:"嗨,我不理解这个内容。"

注意阅读理解什么时候出现问题

当人们终于感知到他们不理解阅读内容时,这个过程到底有多难?学生并不像你想象的那样善于发现这个问题。他们能注意到某一个单词是否在他们的词汇量中,能注意到他们不理解的句法,但是他们并不总是能将句子之间的意义连接起来,并且他们往往没有注意到这一点。对于那些能力差的读者来说尤其如此,他们仅仅满足于对语篇最基本的理解;当理解出现问题时,他们不去试图解决这些问题。他们并不是没有做出恰当推理的能力。例如,让他们看一部引人入胜的电影,他们可以通过推理去理解每一个场景,并思考如何将这些场景连接起来,从而理解电影情节。但是当他们阅读的时候,他们会认为只要他们认识大多数单词、能够理解每一个句子就可以了(图9.1)。

图9.1 电影需要复杂的推理。一个10岁的孩子如果能理解复杂的电影情节,那么他就应该能够理解比较复杂的文本,假如他能够很好地进行解码的话。

来源:©瑞秋,来自Flicker网站。

如果不是出于同情怜悯研究者,我怎么觉得他们的研究怪怪的,因为他们研究这种现象实在让人感到滑稽。例如,在一个试验中,实验者让六年级学生读一些短文,并要他们帮忙修改短文,使其变得更加清晰。这些短文包括一些相互矛盾的意

义,有时候矛盾意义并不明显,不易察觉得到。请看下面的例子:

> 海底完全没有光线。有些生活在海底的鱼通过颜色来识别食物,它们只吃红色的藻类。

在另一些短文中,相互矛盾的意义比较明显:

> 鱼必须在有光线的情况下才能看得见东西。海底完全没有光线,那里漆黑一片。鱼在黑暗的地方看不见任何东西,他们甚至看不见颜色。有些生活在海底的鱼可以看见食物的颜色,因此,它们知道吃什么样的食物。

值得注意的是,当错误不易察觉时,六年级学生中只有不到10%的人能注意到这些错误。但当错误变得很明显时,差不多一半的人都能注意到。

阅读理解策略

如果你告诉学生"嗨,你们要尝试将这些句子的意义连接起来",接下来会发生什么呢? 当我们这样做时,我们要告诉他们背景知识在意义连接中起重要的作用,他们必须判断和评估所做出的连接是否有意义。这是阅读理解策略背后的核心理念,也是小学高年级及以后的阅读教学中重要的组成部分。你不能只告诉学生,让他们"把句子的意义连接起来",因为这个指令对他们来说太模糊了。相反,你应该给他们一些具体的任务,一些如果不将意义连接起来就无法完成的阅读任务。

以下是教师经常教授给学生的阅读理解策略(不会对你进行阅读理解策略测试,请随意浏览)。

> 1. **监控理解**过程。要教会读者逐渐意识到不能理解阅读内容的时间节点,如准确描述引起阅读困难的原因。
> 2. **积极倾听**。学生在倾听和欣赏说话者信息的时候,学会批判性思维。
> 3. **背景知识**。鼓励学生将在生活中学到的知识应用到文本理解中,并在阅读之前认真思考文本的主题。

4. **词汇与理解的关系**。鼓励学生运用背景知识(以及文本线索)对不熟悉的单词的意义做出有根据的猜测。
5. **图形组织者**。学生学会用图形来表征文本,如用故事地图来表征文本。
6. **回答问题**。在学生读完文本之后,教师向学生提问,重点考察学生是否掌握了文本中应该掌握的信息。
7. **问题的生成**。教会学生在阅读时自行生成问题,目的是总结文本的主题。
8. **总结**。教学生学会总结技巧(如删除冗余信息),学会选择表达中心思想的主题句。
9. **心理意象**。教会学生基于文本产生心理意象。
10. **合作学习**。学生在小组中能更好地练习理解策略,如预测和总结。
11. **故事结构**。教会学生掌握故事结构,让学生学会生成故事地图。

请注意,阅读理解策略鼓励学生做一些阅读理解所需要的事情。策略1和策略2是让学生监控他们的理解过程;策略3和策略4是让学生将背景知识运用到文本阅读中;策略5至策略11要求学生将文本中的句子联系起来理解。

如果你是一位有经验的读者,这些策略似乎是不必要的麻烦(图9.2)。然而,

图9.2 成年人需要阅读策略吗?坐在早餐桌前,谁会想"啊,这是一个关于乌克兰的标题,让我来活化有关东欧的背景知识,为读这篇文章做准备"呢?当然,我可能会用到这些策略,但是经过许多年的阅读后,策略的使用已经变得自动化了,因此,我并没有注意到我正在使用这些策略。

来源:©丹尼尔·威林厄姆。

有研究支持阅读策略教学。以下是一个典型的阅读策略教学实验。例如,你为四年级的学生组织一次阅读测试,然后教他们阅读理解策略,通常你不会只教给学生一个策略,而是教给他们一组策略(也许是三个)。在几个星期的实验时间里,有大量的培训时间(少则10次,多则50多次),你为学生展示如何使用阅读理解策略,然后学生根据策略进行练习。培训可以安排一天一次,也可以安排一星期几次。实验结束后,再一次组织学生进行阅读测试,来看学生的阅读理解水平是否得到提高(你可以将实验组学生的成绩与控制组学生的成绩进行比较)。

许多研究表明策略教学有助于提高学生的阅读理解水平,并且进步很大。增长的精确幅度无法计算,但即使是短暂的干预,如几个星期的时间,也会将孩子的阅读水平从50个百分点提升到64个百分点。*

浅尝辄止

尽管阅读策略教学成本不高,阅读理解策略教学带来的好处很可观,然而策略教学很容易做过头。阅读策略教学的确有一定的作用,其好处在几次培训之后就可以显示出来,但即使有更多的练习,效果也不会因为练习次数多而变得更加明显。

往下面看一看,我们就知道是怎么一回事。假设你查阅了50个研究儿童阅读策略教学的实验。在有些实验中,孩子们只接受了几次培训,而在另一些实验中,孩子们有更多的练习机会。你可能预期更多的练习会带来更大的收效,但是事实并不是这样,几次培训(5次或10次)和50次的培训效果是一样的。这个发现(有好几位研究者得出这样的研究结果)很难与阅读理解策略能直接提高阅读能力的想法相吻合。我们认为阅读理解就像打棒球一样是一种技能,理解策略就像棒球

---

* 我说过效果的大小很难预测,主要有几个原因。对于有些策略来说,没有足够多的研究得出肯定的结果,而对于另一些策略来说,效果的大小取决于对阅读的测量。有些研究者使用标准化阅读测试题,而有些研究者自行出题。当研究者自行出题对学生进行测试时,阅读策略教学的效果似乎更明显一些。当然,这并不是说那些自行出阅读测试题的人在有意作弊。如果研究者认为教学生如何进行总结有助于他们的阅读理解,那么很自然地他就会出一套强调总结策略的阅读测试题。我引用的数据是对策略培训效果做的较低的估计,我认为这样做更合理一些。

教练跟你说"眼睛看着球"、"臀部给你击球的力量"等。通过练习这些策略,我们的技能才能得到提高。

理解是如何进行的呢？它取决于语句的内容,而不是策略教学。以下是一个类比,假设阅读就像组装你从宜家买回来的家具一样。像文本一样,家具也是由以独特方式组装起来的部件。如果你的组装方法正确,那么所有的部件就会组合为一个很大的具有功能性的物件。

假设你把所有的部件摆在桌子上面,找到类似策略的说明书(图 9.3)。实际上,这些说明并没有告诉你如何组装一个家具,你需要知道部件 A 是否可以与部件 B 或部件 C 连接在一起。这些说明只关注你在执行指令时在思考什么(如部件 A 与部件 B 连接)。

图 9.3　家具组装策略说明。
来源：©乔·高夫,来自 Fotolia 网站。

组装说明
　　1. 不要只满足于把部件装在一起,记住你要组装一个大的东西。
　　2. 在组装之前要认真思考如何进行组装。
　　3. 不时地看一下你组装得东西,看看装得怎么样。

阅读理解策略与此非常相似。它们告诉你做什么：监控理解,将背景知识运用到阅读中来,将句子连接起来。但是它们并没有告诉你如何做这些事情,它们不能告诉你,是因为如何做这些事情取决于一些细节。理解需要将语句 A 与语句 B 连接起来,但我没法告诉你如何连接,因为语句 A 和语句 B 的关系取决于语句 A 和语句 B 的内容。

对于那些认为组装家具只是把各个不同的部件装在一起的人来说,有必要建立起一个全局观。同样,如果孩子没有认识到阅读的目的是交际,没有认识到她要理解所阅读的内容,那么理解策略教学对她来说就是一个不错的主意。例如,一个解码存在困难的学生把解码等同于阅读。在他看来：解码劳神费力,如果我在进行解码,那么我的阅读任务就完成了。阅读理解策略教学告诉孩子:"仅仅解码还不够,你必须理解阅读的内容。就像你听故事时一样,阅读的时候要将文本的开头、中间和结尾部分连接起来。"

新要求:阅读文本

国家教育进步评价,通常被叫做"国家成绩报告单",把四年级学生应该具备的基本阅读技能定义为:"找出相关信息,做出简单推理,用对文本的理解确定支持某种解释或结论的细节的能力。"也就是说,理解不再被定义为对文本的理解。理解意味着能够运用文本帮助推理。当然,随着孩子进入高年级,文本会变得越来越长、也变得越来越复杂。如果这种解释还不够充分的话,那么,我们可以这样表述:在小学高年级和中学阶段,教师开始期望孩子在家里能更多地进行独立性阅读,这样,课堂时间就可以用来做其他事情。

高中阶段的学生应该知道,不同领域的研究者对待文本的方式不一样。这不仅仅因为不同领域的研究者了解的东西不同,对文本的不同侧面感兴趣,还因为对于什么有趣、什么重要,每一个学科都有自己的标准。例如,信息来源对历史学家来说至关重要:这个文本是谁写的?写作的目的是什么?文本是为谁而写?科学家一般较少关注信息来源或作者的立场。但是,初露头角的科学家必须了解科学期刊论文的结构:研究方法部分写什么,讨论部分可以提出什么样的推测等。随着学生对学科了解的深入,他们应该知道根据学科的惯例,哪些内容值得特别关注,而哪些内容不需要特别关注(图9.4)。

随着学生年龄的增长,"理解"的含义会有所不同。起初理解只是指"对故事的理解",后来,我们要求学生把文本用于其他更多的目的,如寻找研究资料,为了考试记忆文本中的信息,分析作者说服读者或激发读者情感的技巧。这时,即使那些低年级阶段阅读能力较强的学生也会感受到一定的挑战性,因为他们之前没有接触过这样的任务。

虽然孩子的大多数阅读任务是在学校里完成的,但是父母具备这方面的意识还是很重要。父母要意识到孩子开始接触和承担这些新任务,要确保孩子在学校能获得适当的学习和帮助。老师可能会认为学生在低年级已经学会了一些技能,

```
                                    Albert Einstein
                                    Old Grove Rd.
                                    Nassau Point
                                    Peconic, Long Island
                                    August 2nd, 1939

F.D. Roosevelt,
President of the United States,
White House
Washington, D.C.

    Sir:

        Some recent work by E.Fermi and L. Szilard, which has been com-
    municated to me in manuscript, leads me to expect that the element uran-
    ium may be turned into a new and important source of energy in the im-
    mediate future. Certain aspects of the situation which has arisen seem
    to call for watchfulness and, if necessary, quick action on the part
    of the Administration. I believe therefore that it is my duty to bring
    to your attention the following facts and recommendations:
        In the course of the last four months it has been made probable -
    through the work of Joliot in France as well as Fermi and Szilard in
    America - that it may become possible to set up a nuclear chain reaction
    in a large mass of uranium,by which vast amounts of power and large quant-
    ities of new radium-like elements would be generated. Now it appears
    almost certain that this could be achieved in the immediate future.
        This new phenomenon would also lead to the construction of bombs,
    and it is conceivable - though much less certain - that extremely power-
    ful bombs of a new type may thus be constructed. A single bomb of this
    type, carried by boat and exploded in a port, might very well destroy
    the whole port together with some of the surrounding territory. However,
    such bombs might very well prove to be too heavy for transportation by
    air.
```

图9.4　历史信件。爱因斯坦写给罗斯福总统关于探讨研制原子弹可能性的信件的第一页内容。历史学家、科学家、神学家会以不同的方式阅读这封信。

来源：维基共享资源。

如学会了如何使用参考资料,但事实上你的孩子可能从来没有接受过这方面的教学(给孩子转学存在更大的风险)。作为父母,最好与教师保持联系,这样你就会知道教师在班上的教学情况,还可以向教师咨询你在家里如何为孩子提供帮助。

数字素养

有些教育评论员建议我们要用不同的方式来思考"阅读理解"这个问题,因为广泛普及的数字技术为"阅读理解"(写作以及读写能力的其他方面)带来了深刻的变化。在各种数字平台上创建、浏览、评估信息的能力被叫作"数字素养"。我们应该怎样看待这个问题呢?"阅读理解"的观念过时了吗?

让我们分别来评价数字素养的不同方面。首先,我们来看一看"一般性技术娴熟"指的是什么。我认为接触和练习数字技术会教会孩子一些通用的惯例,如菜单系统、分级文件结构等。这些知识很重要,因为不同的应用和设备都遵循这个惯例,并且学起来很容易。软件一般都设计得简单好用,孩子能快速地学会使用软件。有些成年人自嘲在新奇的小玩意儿面前是多么的无助,而孩子好像天生就会摆弄它们。但不同的孩子在技术知识方面却存在着较大的差异,其中由于年龄引起的差异并不是因为大孩子的学习能力有限,而是因为小孩子有更强烈的动机和更多向同龄人学习的机会。

数字素养的第二个方面是"评估信息"。网络经常因其具有民主化的出版发行而受到人们的赞誉。20年前,出版公司的所有者是信息的守门人。例如,如果不能说服这些守门人出版有关太平洋西北部珍稀动物的书籍,那么我们就仍然不可能了解这方面的知识。现在,我们可以在网上或以电子书的形式发行我们想出版的任何东西,让消费者来判断出版物是否有价值。虽然这样做很爽,但是我们必须承认,在这个过程中大多数出版商起到了一定的作用,即保证读物的质量控制。当然他们也不是那么完美地履行了职责,虚假不实的东西在过去和现在都是由主流渠道出版的。但是作为正规出版机构,出版商比个人闹着玩的出版网址还是可靠一些,出版商的准确性记录也能更容易地被查到。因此,在网上阅读,读者自己承担更大的责任来评估信息的可靠性。

在 2000 年中期,一个网站描述了西北地区的一种濒危动物——树章鱼,说这是一种生活在树上的章鱼,其实是子虚乌有。这个事件引起了公众的关注,认为有必要对学生进行更多的教育,教育他们学会评估、鉴别网上的信息(图 9.5)。该网站巧妙地模仿了科学教科书中使用的文体("由于雨林中的湿度和特殊的皮肤适应能

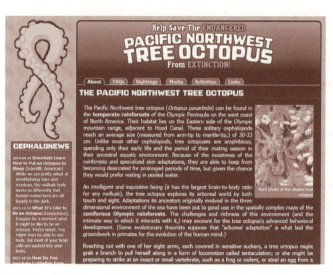

图9.5 树章鱼。网站上描述的虚构树章鱼的截屏。

来源：zapatopi网站。

力,树章鱼能够长时间地保持水分")。除了软体动物离开水面生存这一荒唐的事实之外,文中还散落有一些其他的线索表明这是一场恶作剧,例如,树章鱼的主要的捕食者是大足野人,这个网站的支持者是一个叫做"绿豌豆"的组织。

然而,当康涅狄格大学的研究者让25名七年级学生(这些学生被学校命名为最熟练的网上读者)评估这个网站时,所有的学生都上当受骗了。当他们被告知这是一个虚假的网站时,大多数人还苦苦地寻找证据,试图证明这不是虚假网站,有些学生甚至坚持说这个网站是合法的。另外一些研究表明学生很少能批判性地评价从网上找到的信息,当然,他们可能也不会对纸质宣传树章鱼的小册子持更多的批判态度,但问题是网上的虚假信息比传统出版商的虚假信息多一些,因此,孩子在网上阅读时,需要具备更强的识别力。

在过去几年里,人们花了更多的气力教学生如何成为批判性的阅读网络信息的读者。教给学生的技能包括:评估作者的资质,跟踪某一个领域从而评估某一个网站是商业网站还是教育网站,检查网页更新的情况,搜寻其他链接目标网站的网址。评估技能的传授仍然处于初期阶段,到目前为止这还是一件非常困难的事情。

虽然有些研究表明传授评估技能有助于学生理解评估网站的重要性,但实际上学生评估网站的情况并没有得到多大改善。

在家里可以做什么

如前所述,我鼓励你多做一些让家里的知识变得更加丰富、让孩子对知识如饥似渴的做法,这些做法仍然适用于现阶段的孩子。这个年龄段的孩子的确存在着两个问题。第一,大多数孩子开始在数字设备上花费大量的时间,我们必须评估这种情况对于获取背景知识意味着什么。第二,如果你认为缺乏背景知识会影响孩子的阅读理解,那么你必须考虑使用什么策略来弥补这一切。

数字时代的知识

随着孩子进入中学,他们不仅在数字设备上花更多的时间,而且还改变了使用数字设备的方式。虽然他们仍然观看大量的视频,但与此同时他们又增加了电子游戏、发短信、浏览网站等活动。这些活动对阅读和背景知识将产生什么样的后果呢?

阅读量 数字革命带来的一个变化就是孩子实际上比以前读的东西多多了,尽管人们普遍便认为他们的阅读量在下降。位于圣地亚哥的加利福尼亚大学在 2009 年进行了一个考察普通美国人每天接触单词数量的研究(图 9.6)。

该研究显示,通过计算机接触的单词量很大,尽管这包括读到的和听到的单词。但是在 2008 年开始收集这些数据时,大多数美国人还没有足够快的上网速度接触到视频流或音频流,他们接触到的大多数单词还是来自印刷品,并且这些数据主要来自成年人,数据收集距离现在已经有 5 年时间了,但我仍然认为孩子们在数字平台上进行了大量的附带性阅读,尤其是短信式阅读,只不过该研究没有包括这些数据而已。那么,附带性阅读能使孩子成为更好的读者吗?

我们还没有确切的数据来回答这个问题,但是阅读理论预测短信式等阅读并

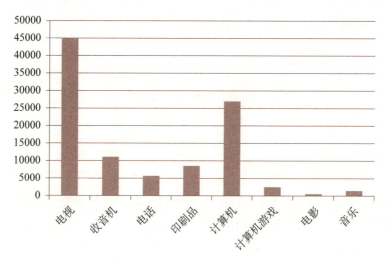

图9.6 平均每天在不同媒体上接触的单词量。请注意这里测量的是"单词",这些单词可以是说、唱或写的形式。

来源:"有多少信息量?"圣地亚哥加利福尼亚大学全球信息产业中心博恩和肖特合撰,数据来自 UCSD(2009)。

不会带来什么益处。那些能够获得更广泛的背景知识的阅读才有助于阅读理解,然而孩子在屏幕上读到的大多数信息的内容都不是很丰富,这些信息包括游戏、短信、网络社交更新等内容。短信式阅读应该对流畅性有一定的积极作用(基于阅读理论),但直到目前为止这个预测还没有被证实。

无处不在的知识 我为什么如此确信孩子没有受益于日益增长的网络阅读呢?这难道不取决于他们的阅读内容吗?人们可以在网上阅读任何东西,从莎士比亚的语汇索引到电影《饥饿游戏》系列。

尽管我们会瞪大眼睛、一脸无辜地问道,"他们有可能在读莎士比亚的作品呢",但我们却对他们在网上阅读莎士比亚的作品真的表示怀疑。一个爱说笑的人曾经这样说过:"我口袋里有一个电子产品,可以获取人类想知道的所有的信息。但我却用它来浏览猫的图片、与陌生人争论等。"调查数据证实青少年只用计算机做一些相对有限的事情,最常见的有:

- 进行网络社交
- 玩游戏

- 看视频
- 即时通信

这是 1999 年做的一个调查，那时以上四项活动占据了青少年使用计算机时间中的 75%。今天即时通信被短信所取代，青少年花费在短信上的时间大约是 90 分钟/天。虽然我们不能将该数据推及到每一个孩子身上，但是我并不认为青少年在使用数字设备时存在着较大的差异，以至于我们不能断言数字设备的使用对孩子会产生一定的影响。

也许孩子们并没有寻找信息的丰富资源，就发现自己已经看到某一个信息。总之，用最恰当的词来形容，数字革命的标志是信息廉价化。常在河边走，难免会湿鞋！互联网带给我们的信息如同洪水猛兽一般。

孩子可以通过附带的方式学习，有证据显示他们通过某些渠道进行学习，例如，学步儿和学龄前的孩子通过看教育电视节目学会了数字和字母，以及社交知识（如学会分享）。但总的来说，孩子从视频里学到的东西比你想象的要少。婴幼儿和学步儿通过视频进行学习要比从活生生的人身上学到东西的难度大得多。这种存在已久的现象叫做"视频缺陷"。

总体上来说，还没有证据支持新技术使人们获得的知识更加丰富的观念。这个观念可能是正确的，但是还没有证据支持。对于大一点的孩子来说，看电视与学业成绩呈负相关关系，但这里主要是指电视看得多的孩子。对于看电视不多的孩子来说，学业成绩并没有受到太大的影响（对所有的孩子来说，是电视的内容而不是看电视的量会对孩子产生一定的影响）。一般来说，使用媒体（电视、音乐、游戏等）过多的孩子学习成绩较差，但是学习成绩与休闲阅读呈正相关关系。然而，简单的相关关系并不会对使用数字媒体这种复杂的行为提供更多的解释。

我们需要知道的少一点吗　孩子可能不会选择阅读莎士比亚的作品，但是他们可以自如地找到有关莎士比亚生平和戏剧等方面的信息。在数字时代到来之前长大的我们觉得能立即在网上找到 1812 年战争期间总统的名字、什锦菜里到底有没有贝类海鲜、如何将鞋的欧码转换成美码是一件多么神奇的事情。无论你想知道什么信息，哪怕再模糊不清，你都能立刻在网上找到它。

我在第一章里已经强调知识是阅读理解的驱动器，我们也许要问轻而易举地获取信息是否意味着数字技术为我们带来的知识对阅读不是那么重要（图 9.7）。

图9.7 玛丽莎·迈耶。玛丽莎·迈耶曾在谷歌担任负责产品搜索和用户体验的副总裁,她在2010年这样写道:"互联网降低了事实记忆为人们带来的心理体验和快乐。"迈耶目前是雅虎的总裁和首席执行官。

来源:来自雅虎照片网站。

在谷歌(雅虎或微软必应)上查找的信息并不能取代阅读时人们大脑中的知识,之所以这样,主要有三个方面的原因。第一,如果你发现漏掉了什么信息(你意识到是作者省略掉了,你需要做出推理),但是该信息到底是什么,并不总是很明显。第一章中有这样一个例子:"特丽莎把咖啡洒了出来,丹从椅子上跳起来去拿抹布。"如果在你的大脑中没有必要的知识理解为什么丹从椅子上跳起来,你可能会在网上搜寻有关"咖啡"的信息。你会找到海量的有关咖啡的信息:咖啡种植的地方,世界上饮用咖啡的社会习俗,冲咖啡的不同方式等。在你推断出作者假定你知道的事物属性之前,有很多东西需要搜寻。

第二,你并不总是知道你漏掉了什么信息。如果这种情况发生,很可能发生在情境模式中。我在卡罗·哈里斯或海伦·凯勒的故事中对这一点已做了说明。

第三,停下阅读去找一个定义或一点信息对阅读具有干扰作用。你越是频繁地这样做,就越有可能失去阅读内容的逻辑主线,就越想放弃阅读。阅读需要读者具备大量的知识,而不是可以查找到的知识。

知识的欠缺妨碍阅读理解

如果发现孩子由于缺乏背景知识而不能很好地进行阅读怎么办?在上一节,我认为虽然孩子经常使用数字设备,这并不能增长他们的知识、提高他们的读写能力。信息高速公路上轰鸣着疯狂的动力和速度,但是孩子很有可能选择熟悉的偏僻小路和死胡同。当你感觉到初中生和高中生缺乏有效阅读理解所需要的广博的背景知识时,你能做什么呢?

抓紧时间弥补知识的不足 这是一个好消息,也是一个坏消息,让人们喜忧参半。好消息是孩子获得阅读流畅性后,想要弥补知识还为时不晚。有时候你听到新闻报道说,童年早期大脑具有的可塑性为他们的早期学习提供了最佳时机,如果错过了这个时机,就意味着孩子不那么走运了。其实事实并不是这样,即使错过了这个时机,孩子仍然可以学到东西。坏消息是弥补知识没有什么捷径可走,词汇和背景知识是靠长时间缓慢地积累起来的。科学家还没有找到速成的方法。

老实说,"抓紧时间"弥补知识的想法可能没有多大的益处。事实上你是想让孩子多读一点。是的,背景知识的确很有用,但是背景知识在孩子进行更广泛的阅读、更享受阅读的情况下才会有所帮助。因此,父母要接受孩子目前的状况,要做到心中掌控大局。让孩子多读书,获得更多的乐趣,而不仅仅是把知识弥补起来。

重新设置起跑线让孩子迎头赶上 八年级的学生可能读不懂为他们写的故事,但对适合四年级学生读的书又不感兴趣,因为这些书的内容和主题对他们已经没有吸引力了。一个有可能解决这个问题的方案是,按照大孩子的喜好来写书(书中的主人公与他们年龄相仿,主人公之间出现的问题也是他们经常遇到的问题),但是书中使用的词汇和句子结构要简单一些。除此之外,也有同类的非小说类书籍,这些书被叫做"高低书",是"高兴趣,低阅读水平"的简称(图9.8)。

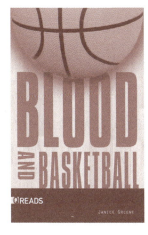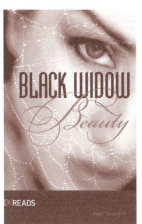

图9.8 高低书。这些书之所以这样命名,是因为这些书的阅读内容趣味性强,而阅读水平较低。该图中的两本书适合三年级或四年级学生的阅读水平,但内容对中学生具有吸引力。请注意,书的封面看起来更适合中学生的年龄。

另一个途径是寻找孩子对某一主题了解较多的阅读材料,避免知识空缺带来的问题。一个好的选择是找一本孩子对故事情节已经十分了解的书。如果他看了一部喜欢的电影,看看这部电影是否改编自某一本书或该小说是否已发表。如果他喜欢一部电视剧,一本关于该电视剧的花絮或后台八卦的书也可能对他有所帮助。看看是否有一本同人小说是关于你孩子喜爱的电影(同人小说是一种新的故事体裁,由粉丝基于某一部电视剧、电影或一本书中的人物写的小说。这种小说可以在网上找到)。如果孩子对某一个演员十分着迷,找到该演员的传记。如果孩子对一位歌手感兴趣,那么找一本该歌手写的歌词书给孩子。

阅读这些材料可能会给你一种不太重要的感觉,但目的是让孩子把休闲阅读当作一个切实可行的选择。这样,我们就触及到了阅读的动机问题。在下一章,我们将要直接解决大孩子的阅读动机问题。

简要总结

在学校
- 用有限的时间进行阅读策略教学。
- 从中学阶段开始,要越来越强调特定领域对文本约定俗称的要求。

在家里
- 不要竭尽全力地让背景知识欠缺的孩子赶上来,而是要帮助孩子找到享受阅读的方法。

注释

"对于那些能力差的读者来说尤其如此,他们仅仅满足于对语篇最基本的理解":朗,奥皮,斯里(1994);马利亚诺,米利斯(2003);尤伊尔,奥克希尔,帕金(1989)。

"并不是他们不能做出合理的推断":约翰逊,巴恩斯,德罗什彻(2008)。

"在一个试验中,实验者让六年级学生读一些小论文":马克曼(1979)。

"有研究显示教学策略有助于提高阅读理解":美国国家儿童健康和人类发展

研究院(2000)。

"几次培训(5次或10次)和50次的培训效果是一样的":埃尔鲍姆,沃恩,特赫拉·休斯,沃森·穆迪(2000);罗森珊,梅斯特,查普曼(1996);罗森珊,梅斯特(1994);萨盖特(2010)。

"随着学生对学科有更多的了解,他们应该知道根据学科的惯例,哪些内容值得特别关注":沙纳汉,沙纳汉(2008)。

"由于年龄引起的差异不是因为大孩子的学习能力有限":本尼特,麦顿,科文(2008);玛格利雅安,利特尔约翰,沃伊特(2011)。

"当康涅狄格大学的研究者让25名七年级学生":列伊,卡斯特尔(2006)。

"学生很少能批判性地评价从网上找到的信息":基利,罗瑞嫩,马图嫩(2008)。

"对网站评价的能力并没有提高":张,杜克(2011)。

"美国人平均每天在媒体上接触的单词量":伯恩,肖特(2009)。

"我用来浏览猫的图片、与陌生人争论等":新用户名(2013)。

"这四项活动占据了青少年使用计算机时间中的75%":赖德奥特,费约尔,罗伯茨(2010)。

"学龄前孩子通过看教育电视节目的确能学会一些东西":安德森和其他人(2001);恩内莫泽,施耐德(2007);马雷斯,潘(2013)。

"视频缺失":德奥坎坡,哈德逊(2005);邱赛斯,塞勒,阿彻(2006)。

"电视的内容、而不是看电视的量对孩子产生一定的影响":文献综述参见根西(2007)。

"学习成绩与休闲阅读呈正相关关系":赖德奥特和其他人(2010)。

第十章

不情愿的大读者

我在前面已经特别提到,随着孩子年龄的增长,他们的阅读动机持续下降,到了十年级的时候,他们的阅读动机可能会降到最低点。在这一章,我们将提出一些防止孩子动机滑坡的策略,供教师和父母采用。

学校里发生了什么

一言以蔽之,动机的问题是:我们想让孩子做我们认为很重要的事情,但是孩子却选择不去做。当然,这是课堂中普遍存在的一个问题。针对这种情况,典型的激励方法是对学生进行惩罚。没有完成规定任务的学生往往受到低分的惩罚,或让老师失望的惩罚,甚至因为自己的失败而被公开而产生羞愧的惩罚。但到了中学后,这些担忧已不再起作用了。大多数没有动机的读者自信地对自己说,阅读并不重要。现如今学校并不热衷于惩罚学生,很多学校从惩罚转向奖励,把奖励作为激励学生的因素。

奖励

我们希望孩子读书,想把阅读与积极的体验联系在一起,如果我告诉一个四年级的学生"如果你读那本书,我给你一个圣代冰淇淋"会怎么样呢?这个孩子有可能会接受我的建议,他似乎想获得一种积极的体验。难道他就此有了阅读

图 10.1　读书徽章。必胜客自从 1984 年起开始实施读书项目。从每年的十月份到第二年的三月份,如果孩子达到教师规定的阅读目标,那么他就会得到一张一人份的披萨证明。当他去必胜客兑换披萨时,必胜客餐厅会在他的读书徽章上贴一个不粘胶贴纸。但是令人惊讶的是,几乎没有任何研究考察该项目对孩子阅读态度或阅读习惯是否有长期的影响。

来源：大约是 1995 年Ⓒ蒂姆·斯托普斯。

动机吗?虽然这听起来很简单,但是却让人难以置信(图 10.1)。

奖励的科学　奖励在短时间内起作用。如果你发现有孩子在乎奖励,他就会为了得到该奖励去读书,但是我们真正关注的是孩子的阅读态度。当你停止发放奖励,他的阅读态度还会比得到奖励之前更积极吗?研究得出的答案是否定的。事实上,由于奖励的缘故,孩子的阅读态度比以前更差了。

研究者在幼儿园进行了一个经典实验,专门研究这种现象。以下是实验情境:在自由游戏期间,提供了许多漂亮的记号笔,实验者断定孩子将在不同的活动中选择使用记号笔,记号笔会随之从教室中消失。几个星期后,实验者把孩子依次带到一个单独的房间,提出如果他使用记号笔画画,就给他发一个"优秀选手"的证书,虽然其他孩子也有机会用记号笔画画,但不会得到证书。几个星期之后,记号笔在自由游戏时间又出现在教室里。这时发现得到证书的孩子与没有得到证书的孩子相比,对记号笔的兴趣明显要低得多。由此可以看出,奖励的作用适得其反,"优秀选手"的奖励使孩子变得不那么喜欢记号笔了。

对该研究的解释在于孩子如何看待自己的行为。想得到奖励的孩子可能在想:"我用记号笔画画,因为我可以因此得到奖励。而教室里有许多记号笔,但是没有奖励,那我为什么要用它们来画画呢?"有许多针对学校情境中的奖励所做的研究发现,奖励的结果都适得其反(图 10.2)。

我们可以想象,在有些情境下对孩子进行阅读奖励可能会起到一定的作用。要是孩子在阅读时的积极体验掩盖了他读书是为了得到奖励的想法又会怎样呢?

第十章　不情愿的大读者　　143

图 10.2　奖励的效果。另一个奖励改变人们对所做事情看法的例子：在有奖励的情况下，人们通常不太愿意为朋友帮忙。如果我请你帮我搬一个长沙发，你可能把这看作是一个社交性交易，认为可以通过帮助我，使自己获得一种能为朋友帮上忙的成就感。但是如果我说："如果你帮我搬这个沙发，我给你5美元。"这样，我就把它变成了一个经济性交易，而5美元似乎根本不够支付搬沙发这个活儿。

来源：ⓒ安妮·墨菲。
注释：获取更多此类现象的文献综述，参见艾瑞利(2009)

也就是说，孩子在想："天哪！我是为了得到圣代冰淇淋才读这本书，但是这本书太精彩了！我的老师居然还要奖励我一个圣代冰淇淋，真是一个大傻瓜！"如果这种情形发生当然不错，我认为这种情形有可能发生，这意味着奖励存在一定的风险。至于一本书是否受欢迎，我们不得而知，我们这样做是在孤注一掷、冒风险。

我们希望奖励可以通过另一种机制起作用：就像睡前舒适地躺在床上的时间一样，既然孩子喜欢冰淇淋（或者其他的奖励），那么，就将冰淇淋与阅读多次配对出现，使享用冰淇淋的美好感受与阅读连接在一起。但问题是孩子可能有意识地在想："我讨厌读书，但是我喜欢冰淇淋，因此我必须得忍受阅读。"研究者对这种有意识的想法是否会阻止温暖联结的建立进行了考察，但是还没有得到明确的数据。

那么表扬的效果如何呢？表扬通常适用于孩子：得到表扬后，他们会做得更多、做得更好,但是如果表扬具有控制性("我很高兴看到你读书,你应该每天都这样做")或当孩子发现表扬不诚实时("你是学校最好的读者"),表扬就不会对他们产生好的效果。但如果表扬听起来是一种真诚的欣赏,对孩子就有激励作用。表扬的一个优势是它没有奖励所附带的缺点。奖励通常是在行动之前就会达成一定的协议:如果你读书,你就会得到冰淇淋。表扬一般来说是自发的,人们不会许诺好的行为就一定会得到表扬,这意味着得到表扬的孩子不会像得到奖励的孩子那样想(我这样做就是为了得到奖励):"我这样做就是为了得到表扬。"被表扬的孩子会自行选择人们期望的行为,然后表扬随之而来,问题是孩子在你表扬他之前必须自行选择读书。

实践中的奖励 我确信自己不赞同学校对阅读的奖励方法,这包括在公共教室里展出孩子的阅读成绩,例如,在公告牌上张贴每一个学生读了多少本书,或张贴班上某一个书虫为每一本书写的一段话。在我看来,学校把重点过多地放在了读过而不是正在读的书上面。有些学生(我也是其中一员)为了提高阅读的数量,会挑选一些简单易读的书。而且这种衡量学生阅读成绩的方法,并没有将学生的个体差异纳入到考量的范围之内。对于有些学生来说,用一个月的时间读完一本书已经是一个了不起的成就了,然而,他们仍然觉得自己不如其他同学。有些比较正规的项目(像"加速读者"* 和必胜客的"读书徽章")正在努力弥补奖励制度带来的问题和不足。例如,根据难度,不同的书被赋予不同的分值,或者不同的学生有不同的阅读目标等。

当然,我认为那些认为绝对不能使用奖励的绝对论者也是错误的,反而我建议教师不应该首先尝试使用奖励,我希望教师意识到文献综述中描述的关于奖励存在的大量缺点。我知道有些地区根据自己的实际情况,对"加速读者"和其他的阅读项目做了一些调整。事实上,文献综述中对"加速读者"的分析结果既有正面的,也有负面的,这主要取决于该项目的具体实施情况。

我还记得与一位地区教育官员的一次谈话内容。她所在地区的学生都来自于贫困家庭,这些孩子从小到大都没有看过父母读书。一位捐助者设立了一个读书项目,即孩子可以通过读书赚取现金,这位教育官员认为这个项目很有效果。这些

---

* 加速读者是一个记录每一个学生阅读情况的软件。根据书的长度和难度,每本书有不同的分值。然后学生通过一些简单的测试,可以了解自己的阅读理解程度。

孩子一直以来都没有读书的习惯,奖励促使他们开始读书,然后他们发现自己真的喜欢读书。我认为让该地区叫停这个读书项目是武断而天真的做法。事实上,这才是尝试使用奖励的情境:当你找不到其他的立足点,至少让孩子尝试快乐阅读。孩子可能会发现自己喜欢阅读,即使奖励停下来,他们仍然会继续读书。

但是如果奖励是最后的补救办法,那我们首先应该尝试什么呢?

快乐阅读

我们追求的目标是,孩子阅读是因为他们感受到了阅读的快乐,而奖励只是让阅读过程继续进行的暂时性的刺激而已。让我用另一种方式来表述这个问题:孩子已经感受到阅读的快乐,但是这种快乐的感受会由于学校功课的其他要求而大大缩水了。

学术性阅读和快乐阅读 我们期待学生沉浸在故事中时能感受到阅读的快乐,或者在阅读非小说文学作品时可获得发现的快乐。我在第九章里指出,孩子在这个年龄,我们给他们的阅读添加了其他的目的:第一个目的是学习,要求学生阅读、学习某一个文本,然后让学生再现文本中的信息(如在测试中);第二个目的是通过阅读完成一项任务,该项任务通常需要收集信息;第三个目的是分析一个文本是如何组织起来的,也就是说,作者是如何让读者大笑或哭泣的。我将用一个涵盖性术语——学术性阅读,来比较学术性阅读与快乐阅读目的的不同之处。

我所担心的是,孩子们可能会将学术性阅读和快乐阅读混为一谈。如果他们混淆了二者,那么他们自然会把阅读看作是一份苦差事。当然,我们也想把学术性阅读看作是快乐的,但在大多数学校,"快乐"不是检验阅读的最后标准。如果学生告诉老师"我想读一些有关光合作用的东西,但是太枯燥了",老师是不会让他挑选他自己感兴趣的读物的。学术性阅读给人以辛苦劳作的感觉,因为它的确是一份苦差事,而快乐则是快乐阅读的试金石。

我认为老师要告诉学生学术性阅读和快乐阅读之间的区别,并不是"我们大多数的阅读都是学术性的,因此阅读没有乐趣可言",而是阅读有不同的目的,学术性阅读和快乐阅读的目的各不相同。

在有些课堂里,快乐阅读与学术性阅读是被区别对待的:我们阅读是因为我们热爱阅读,同时我们也要学习如何理解文本。但是老师处理快乐阅读的方式给学生传递了一个无声的信息,即阅读就是劳动。强制性的措施也传递了这种信息。我曾警告过父母规定孩子每天在家里必须有一段时间用来读书或者孩子必须完成阅读任务才能去开展一些娱乐性活动的做法。学校也是如此。如果老师将快乐阅读作为学生必须完成的任务(如每天晚上读十分钟的书)或制定一些其他的具体规定(如写阅读日记),那么,学生就会认为老师不相信他们会自觉自愿地读书。

班级里的快乐阅读　我说过奖励方法不能完全不予讨论和关注,但奖励不是学校首先应该尝试使用的办法。我也说过强制性措施有一定的缺点。那么,除此之外还有什么方法呢?我认为最好的方式是:在课堂上用一些时间让学生进行无声的快乐阅读,使阅读成为一项充满期待的常规性活动。这个方法也被证实为家长可以使用的有效做法。其实,有些非常典型的小学阅读项目中,有许多内容实际上不是针对阅读。在一个调查六项基础阅读项目的研究中,研究者发现在平均90分钟的阅读板块中,学生每天的平均阅读时间只有15分钟。

成功的课堂无声阅读项目有以下共同特征:

- 学生需要至少**20分钟的阅读时间才能进入书中的情节**。教师要根据学生的耐力设定阅读时间。
- **学生必须有选择阅读材料的自由**。选择对动机来说极为重要,但选择阅读材料必须有老师的指导和规定。有些学生会选择一些完全没有阅读含量的书(研究者内尔·杜克曾不无遗憾地说过:"独立阅读的时间往往变成了独立玩瓦尔多游戏的时间。")。教师不仅要监控文本的难度,还要保证学生接触不同体裁的文本。
- **学生必须能快速地获得大量书籍。**(图10.3)
- **学生应该通过一些阅读机会获得团队意识**。例如,通过讨论、推荐书籍和参加其他一些热衷于阅读的成人读者开展的阅读活动获得团队意识。
- **教师要在该阶段进行积极的阅读教学**。一方面,提出问题,帮助学生选择书籍,与学生交换意见等。另一方面,教师同时读书,给学生示范什么是优秀读者,但是学生可能不理解、也不欣赏教师所做的一切。因此,教师在阅读时间内进行适当的教学就显得非常重要。有些精心策划的实验结果表明,如果没有教学这个特征,学生是不可能从无声阅读中获益的。

图10.3 班级图书室。班级图书室非常值得拥有,它能促进学生进行无声快乐阅读。然而不幸的是,随着孩子进入高年级,班级图书室变得越来越不常见了。

来源:© Li Marie AK,来自Flicker网站。

在我看来,在课堂上留出一定的时间进行无声的快乐阅读,对那些没有阅读兴趣的学生来说是最好的解决方法。无声快乐阅读时间会给这些学生施加一些最柔和的压力,但这些压力还是会起到一定的作用。因为,每个人都在读书,又没有别的事情好做,况且目光敏锐的老师一眼就能识破那些假装读书的学生。自由选择图书也会让那些不情愿的读者尝试着读一本书,说不定他会偶然发现自己喜欢的书呢!

我推荐以上做法,你可能认为有许多研究证据表明这种做法会提升学生的阅读动机。事实上,最新数据表明无声快乐阅读有可能会改善学生的阅读态度,提高他们的词汇量和阅读理解。有大量研究的设计和实施环节并不是很好,而设计和实施很好的实验又不支持无声快乐阅读的做法。

我认为很难得出这一类研究结果的主要原因在于,实践无声快乐阅读的教学方法存在着一定的难度。在课堂上草率地实施快乐阅读是一件很容易的事情:在教室里放几本书,分配一定的课堂时间就完事了,但是老师要把这件事情做好需要承担哪些责任呢?首先,他要帮助学生挑选他们喜欢的书籍,这意味着老师要真正了解每一个学生,而一位中学教师很可能有 100 多名学生。如果教师要跟学生讨论阅读的内容,那么,他自己还要亲自阅读那本书,因此她必须全面掌握适合该年级学生的文学知识。尽管我说过无声快乐阅读是温和地说服不愿意读书的孩子开始读书的好方法,但实施起来并不是一件容易的事儿。一个认定阅读是枯燥的六年级学生,一定会坚定地认为自己不是一个读者,因此,教师同时又必须是一名熟练的心理学家,说服学生放弃这种消极态度、用一种开放的心态对待阅读。

实施无声快乐阅读教学方法的一个障碍是老师必须具备一定的技能和知识,另一个更严峻的障碍是父母和教育管理者的态度。如果你走进一间六年级的教室,看到学生闲坐在那儿读小说,你一定会认为老师在偷懒吧?你不会认为学生是在学习吧?千万不要做这种指手画脚的父母!

成功阅读课堂的其他特征

无声快乐阅读不是识字项目。如果无声快乐阅读存在的话,这只是孩子一天活动的一个组成部分。如果你去参观孩子的课堂,你还可以看到其他有助提升阅读动机的活动吗?

第一,激发读者动机的教师善于开展一些让学生感兴趣、并主动要求完成阅读任务的课堂活动。初中生和高中生渴望做一些不是太抽象,与他们的兴趣或时事联系更加密切的作业,这就要求有创意的教师制定符合学生兴趣、具有活力并符合学校或地区课程要求的教学计划。我曾遇到一位中学的科学教师,他让学生对学校周边地表水质测试产生了兴趣,学生认为他们的研究发现有可能对附近居民具有一定的实际意义,通过该项活动的开展也使他们以更加开放的心态面对在科学参考书阅读中遇到的挑战。

第二,在低年级,能有效激发学生阅读动机的教师是那些避免对学生阅读表现("你读得非常好")或学生特征("你是一个很棒的读者")提出表扬的人。与奖励一样,表扬学生的阅读表现只会使学生只关注表现、害怕出错,最终导致学生选择一些不费力气就能完成的书籍以确保良好的阅读表现,从而得到教师的表扬。更佳的选择是表扬那些面对有难度的阅读任务仍然坚持不懈地阅读或选择不同体裁的阅读材料的学生。

第三，激发学生阅读动机的教师不是控制性强的教师。如果学生意识到自己在所有的活动中都没有话语权，那么，教师是难以让他们专注于这些活动的。课堂通常在不知不觉中赋予教师太多控制学生的机会，例如，教师说得太多、教学内容极其繁琐、不断地打断学生或制定一些随意的决策。相反，如果教师愿意倾听学生的诉求，关注学生的兴趣，承认活动具有挑战性，并向学生解释清楚为什么要完成某项活动，那么学生就更可能有阅读动机。

在家里可以做什么

我在前面章节里针对如何让小孩子（从小学到中学阶段）爱上阅读进行的讨论，经过一些细微的调整之后对大孩子仍然适用，但是我们面对初中生和高中生的挑战却不一样。与一个9岁的孩子相比，一个14岁的孩子有更多的机会逃避父母努力打造成文化绿洲的家庭环境，他们也更加确信自己"是一个读者"或者"不是一个读者"。在第九章里，我曾提到大孩子开始使用更多种类的数字科技产品，因为他们有更多的渠道接触这些产品。

数字产品正在扼杀孩子的阅读能力吗

与我交谈过的大多数父母都深信数字产品正在对阅读产生极大的负面影响。而对这个问题进行的研究远比你想象的要少，因为我们在预测数字技术的使用所带来的长期后果，而这些技术存在的时间并不长。尽管如此，我认为数字时代的确对阅读动机产生了一些负面影响，但不是以父母担心的方式。

注意力不集中 很多教师认为如今的孩子很容易感到无聊，是因为数字产品使他们变成这个样子。为什么要怪他们呢？有些观察者，包括著名的阅读研究者玛丽安·沃尔夫认为，不断点击一个话题到另一个话题、只浏览感兴趣内容的习惯性网络阅读，改变了人们深度阅读的能力。尼克·卡尔提出的"谷歌正在让我们变得愚蠢吗"这个问题使人们更容易理解这种可怕的可能性。在这篇文章中（以及在后续的一本书《肤浅的人》中),卡尔谈到他大脑发生的变化,由于常年浏览网页养成的快速旋转的思维方式使他失去了阅读严肃小说或较长文章的能力(图 10.4)。许多教师也认为,他们在过去的一、二十年中目睹了学生发生的心理变化,例如他们不能集中注意力,教师不得不通过唱歌、跳舞来引起他们的兴趣。

图 10.4 多项任务的处理会改变人们的大脑吗?有理论认为,同时做两件以上的事情要求人们频繁转换注意力,这加剧了网络阅读引发的浏览性阅读的趋势。

来源:ⓒ大卫·戈林,来自 Flicker 网站。

我对网络阅读导致人们不能集中注意力的看法持怀疑态度。尽管没有进行正式的民意测验,但是我认为绝大多数认知心理学家都站在我这个阵营里。的确,电子游戏和网页浏览改变了人们的大脑,但是读书、唱歌或看见陌生人微笑同样也在改变着人们的大脑。大脑具有适应性,它总是在发生变化。如果大脑具有适应性,难道不是意味着它将适应注意力的不断转换,从而失去对某一件事情保持注意的能力吗?我并不这样认为,因为人们大脑的基本架构不可能完全发生改变。认知系统(视觉,注意,记忆,问题解决)之间相互依赖、相互依存,如果某一个系统发生了根本性的改变或失去了聚焦某一物体的能力,那么,这个变化就会影响到整个认知系统,从而影响思维的多个或所有的方面。然而,大脑在这个方面的适应性还是具有相当的保守性的(图 10.5)。

第十章 不情愿的大读者   151

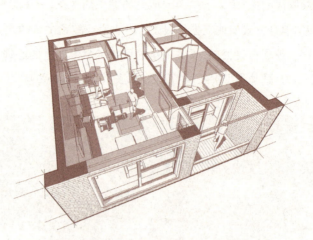

图 10.5 心理架构。大脑的可适性可以类比为一个家里的建筑平面图,每一个房间就像一个认知系统。你可以在不影响整体设计的情况下扩大或缩小每个房间的大小,但如果要进行一个大的结构调整,将位于房屋前部的客厅移到房屋的后部,那么这种结构调整就具有极大的破坏性。

来源:©斯拉沃米尔·瓦利格斯基,来自 Fotolia 网站。

更重要的是,我还不知道是否有充分的证据显示,年轻人比他们父母当年的注意力保持能力更差。一般来说,青少年可以在长达 3 个小时的电影,如在《霍比特人》中保持注意力,他们也能够读自己感兴趣的长篇小说,如《壁花少年》。因此,我对他们不能保持注意力的看法表示怀疑。但是,具有保持注意力的能力并不能保证他们一定会保持这份注意力,他们要为自认为值得注意的事情保持注意力。我认为这就是数字技术的影响所在:数字技术改变了人们的预期。

我觉得很无聊,先把这个问题解决了 尽管数字技术为人们提供了多种多样的活动,但是大部分活动都具有两个共同的特征:一是无论数字技术带给你什么样的体验,你都能立即获得这种体验;二是产生这种体验只需要付出最少的努力。例如,你在看一个网站视频,如果不喜欢它,马上就可以换另一个。事实上,网站会提供一长串的建议。如果对视频厌倦了,你可以去 Facebook 上看看。如果觉得 Facebook 也很乏味,就去新闻网站上找一找有趣的东西。看电视也一样,有线电视有一些频道,但如果在有线电视上找不到吸引人的东西,可以去在线影片网站上看电影(图10.6)。

图10.6　无处不在的娱乐。消遣娱乐的东西就在你的口袋里,因此没有理由感到无聊,即使在华盛顿特区地铁站里几分钟的等待时间里,人们也会把可供消遣娱乐的东西拿出来。

来源:ⓒ杰弗里,来自Flicker网站。

长期体验数字技术的后果不是失去保持注意力的能力,而是会因为厌倦而失去耐心,因为每一个使用数字设备的人都预期总有更有趣的东西可以听、可以看、可以读,并且获得有趣体验而无需付出太多的努力。在第四章中,我曾谈到孩子进行阅读选择的同时,还要提供一个他还可以选择做其他事情的情境。数字技术带来的令人难以想象的体验意味着人们手头总有事情可以做,除非我们真的是全神贯注、注意力高度集中,否则我们总有一种持续的、无法摆脱的疑问,怀疑总有比现在更好的休闲方式。这就是以下情形发生的原因:一位朋友给我发了一个视频链接,内容是"一只因洒水喷头发狂的狗——太有趣了!"如果在看了前十秒内我觉得该视频不好玩,马上就会变得不耐烦。我的外甥问我:"即使我知道没有收到重要的信息,但是为什么我还是要在等红灯时查看手机呢?"教师感到要通过唱歌、跳舞的方式来保持学生的注意力。其实,我们不是不专心,只是我们感受厌倦的阈限太低了。

如果我的观点是正确的话,那么就有好消息了。我们所看到的注意力分散不是由于大脑发生的长期变化(就像对注意力系统进行了一次有害的彻底检修)造成的,而是由于信念造成的,信念的内容是关于什么事情值得我们保持注意力、什么事情会为我们带来令人满足的体验。虽然信念很难发生改变,但相对于修复一个永久受损的大脑来说,这个前景还不是那么可怕。

有些人不太关注数字技术给人们带来的认知变化,而是更多地关注数字技术给人们的行为带来的变化,尤其是他们在数字技术方面所花费的时间。一个人怎么可能有时间做所有的事情,包括阅读呢?如果他们把更多的时间用于做其他的事情,他们用来读书的时间就更少了,这是不可避免的。

置换 没有时间读书!这不是一个新的提法,这个现象叫做置换假设。尽管置换假设有几种类型,但是基本思路是一样的,即当一个新的活动(如浏览网页)出现后,它会替代我们经常做的事情(如读书)。评价该假设是否正确是一件棘手的事情,因为在我们的选择中还涉及许多其他的因素。例如,如果只问:"电视取代了阅读吗?"你认为电视的确取代了阅读,并且你认为看电视与读书之间存在着负相关关系:看电视的时间越多,读书的时间就越少;看电视的时间越少,读书的时间就越多。但是人们越富有,休闲时间就越多,因此,即使看电视的确侵占了读书的时间,但我们可能看不到相关的数据模式,因为两种活动都得益于空闲时间。

数字技术取代了阅读吗?总的来说,答案是"没有"。目前绝大多数研究都是针对成年人,而不是儿童展开的。研究者考察人们在上网时间和阅读时间之间的相关关系,在研究过程中控制了一些其他的变量,如休闲时间总量等。大多数研究发现上网时间和阅读时间之间并不存在相关关系,或只有少许的正相关关系。有关看电视的研究表明大量看电视(每天超过 4 小时)与少量阅读呈负相关。

既然孩子在数字技术上花费了大量的时间,他们怎么可能不把阅读推到一边呢?其实答案是,许多人读的太少了,他们并没有什么东西好推到一边。1999 年,当 8—18 岁的孩子完全接触不到数字技术(除了游戏之外),他们平均每天读书的时间是 21 分钟。2009 年,当孩子有更多的机会接触数字技术时,他们平均每天读书的时间是 25 分钟。然而这些数据具有欺骗性,因为它们是平均值。但是,并不是 1999 年每一个孩子的读书时间都是 21 分钟,可能有的孩子读得多一些(大约 50%),而有的孩子压根不读书。因此,对于一半的孩子来说,数字技术不可能替代阅读。

对于1999年阅读的孩子来说,数字技术无法替代阅读给他们带来的快乐。虽然他们喜欢数字技术带来的乐趣,但是这种乐趣与他们从阅读中得到的乐趣不一样。值得注意的是,最近十年内报纸杂志的阅读量的确有所下降,因为人们可以在网上阅读(图10.7)。

图10.7 电视如何影响阅读。当电视在上世纪50年代开始流行时,阅读和收音机的使用率在下降,但总体情形不是这样的。人们通俗小说读得少了,因为电视上有娱乐性戏剧。虽然觉得电视新闻报道不够深入,人们仍然在读报纸。这种数据模式导致功能对等假设的产生:如果一个活动的功能比另一个活动的功能好,就有可能取代另一个活动;如果两个活动的功能不一样,那么一个活动是不会取代另一个活动的。

来源:维基媒体。

因此,我在这里给大家讲一个好信息和一个坏信息。好消息是:我质疑数字技术正在以可怕的方式"改变孩子的大脑"的说法,我也不认为数字技术"吸干"了孩子的阅读时间。坏消息是:我认为数字技术正把孩子引向全天候的娱乐。对于有些孩子来说,阅读时间不是被吸干,因为他们本来就没有阅读时间。他们的阅读时间早已干燥得如同被太阳晒得泛白的椒盐饼干一样。

积极措施

前一部分讨论得出的结论令人感到郁郁寡欢,但是不要对此感到绝望。你可以采取一些积极的措施,即使是那些整天闷闷不乐的大孩子说不定也会被你吸引过来。

粉碎对阅读的误解 丹尼·霍克创作的独角戏为他两次赢得了奥比奖。在一次访谈中,他谈到一位看戏的人对他节目做出的反应:

> 这个孩子来看我的节目,一副"嘿,老乡"的样子,歪戴着帽,裤子垮在屁股下面。他一共来了四次,每次都是买票入场,他还把他的朋友带来了,我对他的印象很深。他说:"嗨,伙计!是啊,我从来没有看过这个东西,这是什么?"我说:"这是什么?你是什么意思?"然后我说:"这是戏剧。"他说:"不,不,胡说!这不是戏剧。这叫什么?"我说:"这叫戏剧。"然后他说:"不,伙计,如果这是戏剧,它的内容不该跟我有任何关系。"

我认为很多学生对阅读抱有同样的态度。对他们来说,"阅读"意味着读的书是由那些死去的人写的,书中的内容与你现在的生活毫无关系。然而,你却要钻研书中的文字,还要学习、总结、分析它们背后的意义,然后还要写一份5页纸的读书报告,这就是阅读。这些作品不是关于现代人的生活,里面没有你认识的人物。它们既不是非小说类文学作品,也不是杂志或图画小说。

那么,你的孩子会对什么感兴趣呢?在第九章里,我建议找一些孩子非常熟悉的阅读内容,以弥补他们背景知识的不足。从激发动机的角度来看,这也是有道理的。但如果不是过于着急孩子的知识背景,你可以扩大范围为孩子找一本内容对他来说不是太熟悉、但是符合他兴趣的书。例如,我的侄儿(还有其他成千上万的青少年)通过看电视剧《犯罪现场调查》,萌生了对法医学的兴趣。

说到小说,我们要为孩子找一些看起来有趣的书。要记住,影响我们做出选择的一个因素是评估我们能否从选择中获得快乐。一本字体小、篇幅长的大部头书对信心不足的读者来说是一个极大的威胁,相反要去找一些章节短的书或图画小说。由于图画小说中有插图,读起来很容易(但提醒大家,许多图画小说具有一定的挑战性)。小学中、高年级的孩子可能喜欢一套连环漫画书,再大一点的孩子可能对日式漫画感兴趣,日式漫画几乎涉及所有的题材:探险、推理、恐怖、幻想、喜剧等,自然主题(性,暴力)也很常见(图10.8)。

另一个可以考虑使用的资源,是像Wattpad和Inkpop一类的学习办公软件网站,这些网站像社交网站一样,用户可以"跟踪"发帖的人,可以点赞和评论他们喜欢的内容,网站的主要内容是小说。在这些网站里,业余作者可以发表自己写的故事,以期望得到读者的关注。许多故事的内容是针对青少年和少年群体的,作者常常将故事序列化,他们不是一次性地发表整个故事,而是采用一次发表其中一章的方式。这样小份的阅读量可能会引起不情愿读者的兴趣,三千字的长度可以让他

图 10.8　杰夫·金尼,《小屁孩日记》的作者。金尼没有刻意为不情愿的读者写书,但是原先不喜欢阅读的孩子对金尼写的书反响非常强烈。金尼的书写得很棒,非常有趣,但是该书中的绘图毫无疑问是该书大受欢迎的一个重要因素。

来源:该图片经作者杰夫·金尼允许后使用。

们在公汽上用手机进行阅读。

也许这些都不对你的口味。你可能觉得这种阅读材料写得很糟糕,是令你反感的、被美化了的大众文化。当然,这只是主观判断。我不会让我的孩子读一些有关性别歧视、种族歧视之类的东西。但是如果我的孩子完全回避阅读,即使他愿意读一些"垃圾"读物,也未尝不可。在培养他们的品味之前,必须先让他们体验到阅读饥渴感。培养的第一步就是让孩子敞开心扉,认同印刷品是值得他们花时间阅读的东西。我相信父母通过对孩子的阅读兴趣表现出好奇心,而不是加以鄙视,才可以进一步接近他们的目标。例如,父母认真、严肃地把孩子当作一名读者,并接受他的阅读建议,这有可能会让孩子更加认同自己的读者身份。

寻求帮助　让我们现实一点。如果你每次给孩子找一本书,结果他都不喜欢,并认定阅读不是他能做的事情,那么,在这种情况下,再次让他尝试阅读对你们两个人来说都是劳神费力的一件事,而且你不可能每天都这样做。因此,在开始尝试让孩子读书时,你希望能够尽自己最大的努力,取得好效果。如果在网上查找"适合不情愿的青少年读者的最佳书籍",你会发现有许多这方面的建议清单,但是你需要的是更适合自己孩子的书籍。你需要一位经验十分丰富的人在倾听孩子有哪些兴趣和爱好(他的业余爱好、他喜欢的音乐、他的人格、他在学校喜欢和讨厌的科目、他喜爱的电影)的过程中,根据这些信息找到一本能最大限度激发孩子好奇心的书。当然,这些人必须对儿童书籍有全面的了解。

你可以在两个地方找到这样的人:学校和公共图书馆。图书管理员是一个巨大的、不可忽视的资源,他们对书籍有着广博的知识和热情,并且很乐意提供帮助。你也可以在公共图书馆找到专家资源,要充分利用这些资源。

在学校或周边地区找到知识渊博的人需要一些技巧。孩子的老师显然是你可以咨询孩子阅读情况的人,还有专门解决不情愿阅读读者问题的老师和阅读教练。一个折中、合适的办法是首先向孩子的老师咨询,如果你的直觉告诉你他的建议不够充分,那么感谢他的帮助,并告诉他你正在尽可能多地搜集信息,问问他能否想到一些知识同样丰富的人可以补充一些看法。

利用社交关系　孩子是如何了解他想看的电影或想玩的游戏呢?通过广告!这些媒体有巨额的预算来宣传他们的产品。孩子还可以从朋友那儿得知最近上映什么电影,其实他的朋友也是从无所不在的广告中得知这一信息的。除了一些非常成功的系列作品之外,印刷品一般是没有广告宣传的。印刷品主要是靠人们的口碑,而大多数孩子是不读这些信息的。

你可以直接告诉孩子他可能喜欢的阅读内容,从而弥补他这方面知识的缺失。这可能不会立刻为孩子带来改变,但是可能在他的心灵深处播下了阅读的种子。如果孩子从同伴那儿听到同样的信息,那么效果则会更明显。对于成年人来说,阅读通常具有社交性。奥普拉阅读俱乐部成功的部分原因在于人们感受到自己是阅读群体的一部分,即我不是独自在读《双城记》这本书,而是在和大家一起共同阅读。十几岁的孩子超级喜欢社交活动,因此,应该把阅读作为他们社交的一部分。

如果孩子有喜欢读书的朋友就太好了,他们是你最好的盟友。如果他没有这样的朋友,他可能会害怕他不读书的朋友认为喜欢读书的人是傻瓜*。我认为网络技术可以帮上忙,因为网站上有无数个读书小组,在这些平台上孩子可以就所读的书进行讨论、相互推荐书籍、发表同人小说等(你可以在书中"对进一步阅读的建议"中找到一些实例)。孩子不会主动进入某一个群体,那些着实能抓住他想象力的、不可多得的书是他进入到这些群体中的最佳入口,要让他知道其他阅读爱好者

---

* 我曾看见一个大约 11 岁的男孩在游泳池边读书,另一个孩子跳出水面说:"你为什么要读书呢?读书多枯燥啊!"读书的男孩抬起头,带着冷冷的鄙视说:"因为读书对你的大脑有好处!"我真想上去给他一个拥抱,但还是克制住了自己。

正在网站上讨论这本书呢!

让孩子能轻松容易地得到书籍　电子阅读器有助于提升阅读动机吗?虽然有一些这方面的研究,但是没有取得一致性的研究结果。老实说,如果说电子阅读器能使书本变得更加迷人,让那些厌恶读书的孩子迷上读书,我对此感到十分惊讶。因为我们注意到,快乐阅读不同于在电子阅读器上的阅读。跟大学生一样,9—17岁的孩子喜欢纸质阅读,80％有电子书阅读体验的人说他们更喜欢纸质阅读。

然而,这些孩子说如果他们能更容易地接触到电子书,他们会读得更多一些,我对这一点深信不疑。一旦电子产品失去它们的光鲜之后,我认为电子阅读器不会使阅读变得更加有趣,但电子阅读器可以使读者更容易地接触到书籍。在网上你可以下载几乎任何你想要的书(除了考虑费用之外),这是电子书一个很大的优势。如果孩子刚读完三部曲中的两部,或者他从朋友那儿听说了一本奇妙的新书,此时此刻是他最想得到这本书的时间,但是如果他要等上几天才能去书店或图书馆找到这本书,那么他的兴趣就会转移到其他新的东西上。大一点的孩子可以用手机免费下载书籍,这样他们就可以随身携带下载的书来阅读了。

帮助孩子制定阅读计划　有些青少年想读书,但就是找不到时间。如今孩子的活动似乎比30年前多得多。像踢足球或者在合唱团里唱歌这样一些很简单的活动,每个星期都要花上好几个小时的时间,再加上家庭作业,孩子们觉得他们的每一个星期都被塞得满满当当的。如何帮助想读书的孩子找到阅读时间呢?

在这种情况下,可能并不是孩子没有时间,而是找不到整块的时间来阅读。孩子认为阅读必须要在安静的时间里进行,而且还要保证阅读达到一定的时间。如果老师说:"每天晚上读30分钟的书",学生很容易理解为是连续的30分钟,然而成年人会在一天中找到零碎的时间来满足自己的阅读饥饿感。因此,要让孩子养成把书随身携带的习惯,可以在这些片段时间里阅读:在校车上,在钢琴课结束后等待家长来接的时候,在麦当劳排着长队的时候。让孩子在校车上用ipod听有声读物如何?我想问问学生,他们在上个月里有没有感到枯燥乏味的时候,如果有的话,那也是他们可以进行阅读的时间。

你可以向学生介绍成年人在没有时间的情况下经常使用的一个策略:制定计划。你不可能指望找到时间做一些重要的事情,你必须有意识地挤出时间,要有意识地选择特定的时间和地点进行阅读。同样重要的是,孩子应该思考为什么他不能在计划的时间内读书呢？如果他计划每天晚上5点钟开始阅读15分钟,那么是什么促使他决定哪一天要漏掉阅读呢？他一旦开始阅读计划,是什么可以打断他的阅读呢？他需要一些策略来对付这些干扰。如果他漏掉阅读是因为家庭作业而感到恐慌,那么就要重新制定阅读时间。如果他经常被弟弟打扰,他可能需要一个更加私密的地点进行阅读。

简要总结

在学校
- 区分学术性阅读和快乐阅读。
- 直到最后关头才使用奖励和强制性措施。
- 在课堂的快乐阅读时间里加上适当的教学。

在家里
- 不要唠叨,要表扬或批评孩子的阅读内容,不要控制孩子的阅读。
- 寻求让孩子融入同伴读者网络中的方法。
- 让孩子能容易地得到书籍。
- 帮助孩子找到一个读书的好时间和好地点。

注释

"研究者在幼儿园情境下进行了一个经典实验":莱珀,格林,尼斯贝特(1973)。

"有许多研究针对学校情境中的奖励":文献综述参见德西,考斯特纳,莱恩(1999)。

"表扬而不是奖励的效果如何呢？":有关表扬的综述,参见威林厄姆(2005)。

"事实上,文献综述中对"加速读者"的分析结果有正面的,也有负面的":汉森,柯林斯,瓦尔乔尔(2009)。

"我所担心的是,孩子可能会将学术性阅读和快乐阅读混为一谈":全面处理办法参见加拉格尔(2009)。

"在平均90分钟的阅读板块中,学生每天的平均阅读时间只有15分钟":布伦纳,希伯特,汤普金斯(2009)。

"研究者内尔·杜克曾不无遗憾地说过":米勒,莫斯(2013)。

"随着孩子进入高年级":弗莱克特,伍德拉夫,马丁内斯,蒂尔(1993)。

"有些精心策划的实验结果表明,如果没有教学这个特征,学生是不可能从无声阅读中获益的":卡米尔(2008)。

"最新数据表明无声快乐阅读有可能会改善学生的阅读态度,提高他们的词汇量和阅读理解":曼宁,刘易斯(2010);尹(2002)。

"很多教师认为如今的孩子很容易感到无聊,是因为数字产品使他们变成这个样子":瑞奇特尔(2012)。

"著名的阅读研究者玛丽安·沃尔夫":罗森沃尔德(2014)。

"谷歌正在让我们变得愚蠢吗?":卡尔(2008)。

"以及在后续的一本书《肤浅的人》中":卡尔(2011)。

"我认为绝大多数认知心理学家都站在我这个阵营里":斯蒂芬·平克,罗杰·尚克都曾论述过这个观点:http://edge. org/q2010/q10_10. html # pinker;%20http://www. edge. org/q2010/q10_13. html. 米尔斯(2014)。

"他们仍然会继续读书":罗宾逊(2014)。

结论

在我将要完成这本书的时候,我请一些朋友读一读我写的内容,有几个人做出了同样的评论:"这本书很有趣,但有一件事情你没有谈及,即有些孩子注定就不是读者,你不想让他们感觉太糟糕,感觉自己与家庭崇尚的阅读价值观不合拍。因此,如果你有这样的孩子,你会放弃退缩,对吧?"

不,我不会。

为什么一个孩子会因为读书而感到有压力呢?一个显而易见的答案是,阅读对他来说不是一件容易的事,他决定退出阅读活动,尤其是当他与擅长阅读的兄弟姐妹进行比较的时候。但是阅读能给我们带来快乐,即使获得这种快乐有些困难。我们应该接受每一个孩子的现状,让他们从力所能及的阅读中获得快乐。虽然我们家中有一位成员只能坐在轮椅上,但是我们从来不因此放弃一家人散步的念头。我的女儿不能在山路上快走,也不能在沙滩上漫步,但是她尽可能出去"散步",并非常享受这个过程。我认为退缩恰恰是一个错误的信息:"我在前面曾指出阅读很重要,但是现在当我看到你的阅读存在困难,那让我们假装没有这回事吧。"孩子是不会轻易上当受骗的,他会得出这样的结论:这个问题太可怕了,以至于大家不能对它进行公开讨论。

与其否认,还不如将问题正常化。在学习某些技能时,有的孩子比兄弟姐妹学得快,这是一件很正常的事情。为什么不坦诚地说:"是的,这个对你来说很难,但是你的努力给我留下了深刻的印象。"事实上,每一个孩子都有学起来很轻松和学起来很难的东西,可能是数学,可能是独自一人坐公共汽车去城里,也可能是学习骑自行车,或者可能是告诉一个朋友说他让你失望了。当孩子遇到容易的事情,我希望他们保持谦和的态度;当他们遇到困难时,我希望他们能够坚定不移。我不建议他们放弃重要的东西,即使在遇到困难的时候。

但是对于有些孩子来说,问题不是他们有阅读困难,而是他们对阅读根本就提不起兴趣。我意识到我在这些章节里写的东西很容易被认定是一些迫使孩子享受阅读的手段,因为我在这本书里谈到许多"这样做,那样做,看在上天的份上,不要做其他的事情了"。这些建议具有较强的指导性,是因为仅仅说明目的还不够,最主要的"目的是让孩子爱上阅读,开始朝这个方向努力终究会起作用的"。我要讨论目标如何一天一天地得以实现,遇到困难和障碍怎么办。但是过于强调繁枝末节的问题会导致目光短浅,甚至出现错误(结论图1)。

结论图1 从字面上理解指令。这可能是一个城市神话,说的是一位妇人订了一个生日蛋糕,她跟店员说她想把这些字写在蛋糕上"生日快乐,下面是最美好的祝愿。"糕点师恪尽职守地把这些字都写在了蛋糕上。这个例子的教训是:要牢记总体目标,但不能亦步亦趋地执行指令。

为了避免短视行为,要提醒自己不时地从繁枝末节中抬起头来获得全局视野,也就是说,要时刻提醒自己最终的目标。在引论中,我提到我并不热衷于让自己的孩子爱上阅读,因为休闲阅读与在学校获得成功或者赚大钱密切相关。我让孩子阅读的愿望纯粹是一种本能。在书的结尾部分,我认为我可以就这一点做进一步的说明,我真的希望孩子们体验到阅读的快乐。

阅读的快乐是什么呢?对我来说,阅读为我带来了理解的快乐。美食作家露丝·雷克尔用文字捕捉到公牛肉那难以描述的美妙味道。其他作家让我更好地了解自我,而不仅是了解一些有趣的事情。读了回忆录《清晰的图片》之后,我认为考雷诺兹·普莱斯在充满智慧和有趣的人中间长大是多么幸运,却没有想到是普莱斯的聪明和善解人意使他周围的人也变成这样。如果我认识这些人,我可能不会察觉到他们的优秀品质。作为一名成年人,对于一些早已接触到、但一直以来一知半解的东西,现在终于有了更好的理解,我感到了极大的满足。最近,我对美利坚合众国缔造者之间的矛盾有了更进一步的理解。

在阅读的时候,我被带到了久远的年代和遥远的地方,会由此产生一种完全不同的愉悦之情。要更好地了解20世纪20年代法国的海滨度假胜地,莫过于透过《夜色温柔》中迪克·戴夫那放荡不羁、疲惫不堪的双眼。如果不是哈伊姆·波托克,我如何能了解纽约哈西人(虔诚的犹太教徒)庄严而喧嚣的世界?有时候,阅读给我们带来的快乐不在于发现了一个迷人的新世界,而是让我们逃避了自我世界。在研究生学习阶段,我几乎每天午饭期间都在阅读赫尔曼·沃克写的两卷关于第二次世界大战的史诗:《战争风云》和《战争与回忆》。我把它们当作我的"灵丹妙药",以排解在要求高、压力大的学术研究中产生的焦虑情绪。

我认为这些快乐是不能通过电视或其他媒体体验到的。只有阅读才能引发你通过构建书中描绘的世界而获得体验,只有小说要求你与主人公深度、长久地生活在一起。除了少数例外,散文文体家比其他传媒的艺术家对语言也展现了更多的热爱。

我想让我的孩子和你的孩子都体验到这些快乐,你必须把目标放在内心最重要的位置。作为一个将全部职业生涯都奉献给18—22岁年轻人的大学教授,我将指出父母与孩子之间产生最大冲突的原因是:父母认为他们希望孩子幸福快乐,而孩子认为父母希望他们以父母自己认定的方式幸福快乐。

孩子因此可能感受到阅读的压力、不喜欢阅读。要记住你的目标是让孩子享受阅读,而不是以你的方式享受阅读。对你来说,文学作品可能会给你带来享受,但对孩子来说,令人深思的诗歌、恐怖小说中的密谋杀人、恐怖快乐屋中扭曲的恐怖等都会给他们带来快乐。也许你的孩子会从阅读《地理探秘》杂志或摩托车发动机示意图中获得快乐。让孩子享受和探索阅读的快乐。如果有帮助的话,请你从日复一日的生活中抬起头来,回想一下我在这本书的开头提出的建议:让我们马上开始阅读,让我们收获阅读的快乐!

祝大家玩得开心!

附录

在一个完美的世界里,孩子的看护者和老师都有培养孩子阅读兴趣的职责,但在父母忙于一天打几份工或自己不会识字读书的情况下,教师就承担了绝大部分、甚至是全部的工作。

如果家长不能参与,教师该怎么呢？在此,我为广大教师们提供一份惊喜,即丹尼尔·威林厄姆有关如何培养儿童阅读兴趣的资料。更多内容大家可以进入出版商的网站查阅：http：//www.wiley.com/go/kidsread,密码69720。

进一步阅读的建议

有关阅读的科学文献综述

德阿纳《大脑中的阅读》(纽约：维京出版社，2009)。这是一本从神经科学视角讲述阅读的高水平畅销书。

卡米尔，皮尔逊，莫杰《阅读研究手册》(第四册)(纽约：卢德里奇出版社，2011)。该书很多章节由阅读领域领军研究者们撰写，阅读对象是其他研究阅读的专家，因此该书并不适合作为人们了解阅读的指南。但是如果你想直接接触阅读研究，那这本书一定会让你大吃一惊。

塞缪尔斯，法斯特鲁普《阅读研究对阅读教学的启示》(第四版)(特拉华州纽瓦克：国际阅读组织，2011)。这是一本囊括许多顶级阅读专家研究的书。

瓦斯克《读写、识字家庭手册》(第二版)(纽约：卢德里奇出版社，2012)。这本书更广泛地关注了读写识字问题，同时也涵盖了更多的话题，诸如数字素养以及其他方面的学习等。

如何培养一名读者

康宁汉姆，齐布尔斯基《读书使人聪慧》(纽约：牛津大学出版社，2014)。这本书的中心思想与《让孩子爱上阅读》一书相似，但它包括更多阅读研究的内容。

教育科学机构实践指南：http://1.usa.gov/1fUvsep. 这是一个很棒、但利用率太低的资源，上面有可供免费下载的、各种长度的文档，这些文档基于研究证据和实践，均由研究专家撰写而成。每一个指南通常涵盖一个主题，针对不同内容和特定年龄段的儿童。

阅读火箭网站：无论是对家长、还是教师而言，都是一个不可多得的资源。

阅读困难

沙威兹《克服阅读困难》（纽约：兰登书屋，2003）。萨莉·沙威兹是研究阅读困难的专家，虽然这本书出版于十多年前，但可读性依然较强，它较好地总结了阅读困难研究现状，并提出了有效建议。

以下是三个非常好的网站，在这些网站里可以找到最前沿的研究和一些昙花一现的东西：

国际阅读困难协会：http://www.interdys.org/

国家健康中心：http://www.ninds.nih.gov/disorders/dyslexia/dyslexia.htm

耶鲁阅读困难与创造力中心：http://dyslexia.yale.edu/

如何选择书籍

优秀读者：http://www.goodreads.com/genres/children. 该网站是一个拥有一千多万读者的社交网站。在众多功能中，人们还可以在上面写作和阅读一些评论。如果你喜欢书籍，那么这个网站会为你推荐一些书单。

赫恩，斯蒂文森《为儿童选择书籍：一个常识性的指南》（第三版）（香槟市：伊利诺伊大学出版社，2000）。该书的章节按年龄和话题编排，作者首先分析不同体裁，并就如何选择书籍提出一般性的建议，最后给出具体的推荐意见。

利普森《纽约时报家长指南：为孩子选好书》（纽约：兰登书屋，2000）。该书推荐的书目按年龄分类，推荐的书目长达五百多页，并附有简单的描述。

全国教育学会"教师为学生推荐的100本书"，http://www.nea.org/grants/techers-yop-100-books-for-the-children.html. 该书单基于2007年一次调查，书单中推荐的书目适合不同年龄段的儿童。这个书单让我们看到，在教师的眼中，哪些书最适合孩子。

奥普拉为孩子推荐的书单。奥普拉网站上有许多针对孩子的阅读建议，包括根据孩子年龄和兴趣列出的书目。

朗读美国：http://readaloudamerica.org/booklist.htm。这是一个非营利性、长期致力于读写识字、终身阅读，尤其是大声朗读的网站。该网站按年龄推荐书目，并根据年龄将书目做了细微的划分。

特利里斯《大声朗读手册》（第七版）（纽约：企鹅出版社，2013）。这是一本经典书籍，特利里斯就如何进行朗读提出了长达 150 页的具体建议，并附有清晰、简洁的描述，这些描述异常精彩。因此，在阅读该书时，你不仅能够收获一些书目，你还可以感受到该书特有的品味。虽然作者对朗读的好处略有夸大，但在面对作者极具文采、超有说服力的论证时，你却依然能够保持不急不躁、从容淡定。

针对青少年的一些社交网站

亚马逊：http://www.amazon.com/forum/book：If you've been Amazon.com. 想必你对亚马逊网站上的书评很熟悉。网站上不仅有书评，还有许多人们围绕畅销书展开的生动的讨论。人人都知道亚马逊，因此，亚马逊网站上常常人满为患。

好书阅读网站：http://www.goodreads.com/genres/young-adult. 这个网站像亚马逊网站一样，针对所有年龄段的读者，并且使用者可以评论其他人的帖子，表达自己的喜好。该网站特别关注年轻读者，好书阅读网站允许人们张贴图片或者动态图片，通常青少年喜欢这样做。

这三个网站：Readergirlz.com，guyslitwire.com，teenreads.com 主要针对严肃读者，每一个网站都散发出一丝丝的书呆子气息。在这些网站上，有书评、博客，还有作者访谈等。这几个网站对那些热爱阅读、但没有阅读朋友的青少年来说，不失为一个受欢迎的家园。

"高低书"出版商

以下是出版"高低书"的出版商，你可以在这些网站上查找"高低书书目"或"高低书出版商"：

Capstone：http://www.capstoneclassroom.com/content/home_hilo

High Noon：http://www.highnoonbooks.com/index-hnb.tpl

Orca：http://us.orcabook.com/caralog.cfm?CatPos=373

Perfection Learning：http://www.perfectionlearning.com/browse.php?categoryID=3929

Saddleback：http://www.sdlback.com/hi-lo-reading

图书在版编目(CIP)数据

让孩子爱上阅读:父母和教师该怎么做/(美)丹尼尔·威林厄姆著;张庆宗译.—上海:华东师范大学出版社,2019
ISBN 978 - 7 - 5675 - 9166 - 0

Ⅰ.①让⋯　Ⅱ.①丹⋯②张⋯　Ⅲ.①读书方法-家庭教育　Ⅳ.①G792②G78

中国版本图书馆 CIP 数据核字(2019)第 083741 号

让孩子爱上阅读:父母和教师该怎么做

著　　者　丹尼尔·威林厄姆
译　　者　张庆宗
责任编辑　吴海红　刘　雪
责任校对　孙彤彤
装帧设计　卢晓红

出版发行　华东师范大学出版社
社　　址　上海市中山北路 3663 号　邮编 200062
网　　址　www.ecnupress.com.cn
电　　话　021 - 60821666　行政传真 021 - 62572105
客服电话　021 - 62865537　门市(邮购)电话 021 - 62869887
地　　址　上海市中山北路 3663 号华东师范大学校内先锋路口
网　　店　http://hdsdcbs.tmall.com

印 刷 者　常熟市文化印刷有限公司
开　　本　787×1092　16 开
印　　张　11
字　　数　168 千字
版　　次　2019 年 7 月第 1 版
印　　次　2020 年 6 月第 2 次
书　　号　ISBN 978 - 7 - 5675 - 9166 - 0
定　　价　38.00 元

出 版 人　王　焰

(如发现本版图书有印订质量问题,请寄回本社客服中心调换或电话 021 - 62865537 联系)